2020年最新改訂版!

ワード
エクセル
パワーポイント

基本の使い方が
ぜんぶわかる本

standards

Word

Excel

PowerPoint

Contents

PART 1 Windows 10 を使いこなす

PART 2 Word を使いこなす

PART 3 Excel を使いこなす

PART 4 PowerPoint を使いこなす

Word ワード →49ページ

テキスト主体の書類を作成するならこれ！
図形や画像も見栄え良く扱える。

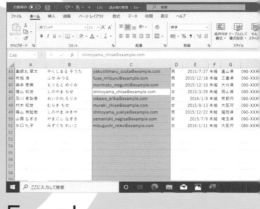

Excel エクセル →81ページ

企業で仕事するなら絶対に必須！
表計算の基本をマスターしておこう。

PowerPoint パワーポイント
→123ページ

最強のプレゼンテーションツール！
見やすく説得力のあるスライドを作ろう。

Windows10 ウィンドウズ 10
→11ページ

本書ではWindows 10の便利な使い方も解説！
気になったテクはマスターしておこう。

最高の3つのアプリを快適に使いこなそう！

マスターして損のないテクニックを厳選!!

　「Word」「Excel」「PowerPoint」は、Microsoft Officeシリーズを代表するアプリで、日本で最も多く使われているソフトウェアのひとつと言っていいでしょう。仕事はもちろん、勉強、趣味などあらゆる分野で使われています。

　ワープロアプリであるWordは、テキストをメインとした文書作成用ツールで、レポートや企画書、論文作成などに幅広く使われています。書式を細かく設定したり、読みにくい漢字にフリガナをつけたり、段組みにしたりと、自由自在に自分好みのテキスト文書を作ることができます。

　Excelは、表計算ツールとして圧倒的なシェアを誇り、多くのビジネス現場で、ある程度使いこなせることが必須とされているソフトウェアです。パソコン教室でも、Excelを教えていないところは

ないぐらいでしょう。さまざまな計算、表、グラフ作りに活用されており、趣味のデータベース作りなどで愛用している人も多いでしょう。

　PowerPointは最も一般的なプレゼンテーションツールとして普及しています。テキスト、写真、イラストや図を使って、見栄えがよく説得力のある「スライド」を作成できます。特にプレゼンが必要でない人にも、テキストとグラフィックを同時に扱える便利ツールとして人気があります。

　本書では、この3つの代表的なアプリの「最も重要な機能」をなるべく早く使いこなせるようになることを目標としています。3つのアプリのすべての機能を網羅しているわけではありませんが、「ワード・エクセル・パワーポイントをある程度使える人」になるための最短距離になるような本を目指しました。この3つのアプリを使って、パソコンをより便利に使っていきましょう！

本書の使い方

本書はパソコン操作の苦手な方でもすべての操作ができるよう、
画像を大きく使って操作手順を解説しています。
どれも便利でよく使う操作なのでぜひ身につけましょう。

本書で解説する操作のテクニック番号を記載しています。

「超重要」マーク

絶対に覚えておくべき基本テクニックには「超重要」マークが付いています。このマークがついたテクからマスターしていくのもいいでしょう。

この項目で行うテクニックを具体的に紹介しています。

026

超重要

文字変換
区切り位置

変換の区切り位置を調節する

「今日は医者に行く」と変換しようとすると、「今日歯医者に行く」と誤変換されることがあります。これは「きょう」と「はいしゃに」で区切って変換されているため。Shiftキー押しながら←もしくは→キーを押して、「きょうは」と「いしゃに」で区切り直すと、うまく変換されます。

無題 - メモ帳
ファイル(F) 編集(E) 書式(O) 表示(V) ヘルプ(H)
ローマ字の組み合わせでひらがなを入力します。

名前：鈴木太郎
フリガナ：スズキタロウ

廊下の前に置いてある消火器を持ってくる

今日歯医者に行く ← ❶入力

❷スペースキー

❶「きょうはいしゃにいく」と入力して、❷スペースキーを押して変換すると、「今日歯医者に行く」と変換されてしまいました。「今日は医者に行く」に変換しなおしましょう。

>>

無題 - メモ帳
ファイル(F) 編集(E) 書式(O) 表示(V) ヘルプ(H)
ローマ字の組み合わせでひらがなを入力します。

名前：鈴木太郎
フリガナ：スズキタロウ

廊下の前に置いてある消火器を持ってくる

きょうはいしゃに行く

❶Shiftキー + ← → キー

❷区切りを設定

❸スペースキー

❶「Shift」キーを押しながら「←」「→」キーを押すと、変換の区切り位置を調節できます。❷「きょうは」で一区切りに設定したら、❸再度スペースキーを押して変換しましょう。

紹介する操作のジャンル、テクニック名です。

この項目で行う操作の操作手順を解説しています。

この項目で行う操作の意味やポイントを解説しています。

本書に関する注意事項 ●本書の情報は2020年2月5日現在のものであり、各種機能や操作方法、価格や仕様、WebサイトのURLなどは変更される可能性があります。●本書は小社より2019年2月に刊行しました「ワード・エクセル・パワーポイント 基本の使い方がぜんぶわかる本」の内容に対して改訂・加筆・修正を行ったものです。●本書の解説及び画像はWindows 10環境、各アプリケーションの最新バージョンで検証しております。使用しているオフィスの詳細につきましては10ページで解説しています。●本書で紹介しているテクニックの多くは、各アプリケーションの旧バージョンでも同様の操作を行えますが、一部の操作方法、画面の細部の違いなど旧バージョンでは未対応の場合もございますので、あらかじめご了承ください。●本書で解説している操作手順の画面のデータ・人名・数値などは操作例として入力されたものです。

Officeはどれを選ぶべき?

自分の用途に合うOfficeを選ぼう

　Officeが付いていないパソコンを買ったときなどは、別途Officeを購入する必要があります。導入しようと思っても、意外とラインナップは豊富で、どれを選べばいいのか戸惑うかもしれません。たしかにOfficeの種類は豊富ですが、中身はアプリやサービスの違いでしかありません。あなたが必要とするアプリ・サービスが入っているOfficeを選びましょう。

　具体的には「Office 365 Solo」か「Office Home & Business 2019」の2択になる方が大半だと思いますので、その2製品に的を絞って内容を説明します。

　なお、Office製品のプロダクトキーが破格で売られていることもありますが、非正規品である可能性が高いです。インストールや認証ができないなど、トラブルに見舞われるケースがあるため、購入は控えましょう。

Office 365 Solo

　月額または年額を支払うことで利用できる、サブスクリプションモデルを採用しています。すべてのOfficeアプリが利用できる、インストールできるデバイスの台数に制限がない、各アプリに新機能が追加されると利用できる、1TBのオンラインストレージが使える、といったメリットがあります。Officeを使いたいすべての方に役立つ製品です。

価格	1万2984円(年間契約の場合/税込)
ライセンス	1カ月または1年間から選択
インストール台数	無制限(同時接続台数は5台まで)
含まれるOfficeアプリ	Word / Excel / PowerPoint Outlook / Publisher / Access
アップデート	常に最新
備考	OneDriveのオンラインストレージ1TB付

Office Home & Business 2019

　追加費用の発生しない、買い切りモデルの製品です。利用できるアプリはWordからPowerPointまで揃っており、一通りの機能が使えます。
　「Office 365 solo」と比べたときのデメリットとしては、インストール台数が2台までと少ないこと、サポート期限が設定されていることです。定期的に料金を払うことに抵抗がある方などにオススメです。

価格	3万8284円(税込)
ライセンス	買い切り
インストール台数	2台
含まれるOfficeアプリ	Word / Excel PowerPoint / Outlook
アップデート	無

常に最新版を使いたいなら「Office 365 Solo」、少しでも節約するなら「Office Home & Business 2019」

買い切りを選ぶならサポート期限も考慮しよう

　製品を選ぶ際の悩みどころは、価格ではないでしょうか。「Office 365 Solo」を3年以上契約すると、「Office Home & Business 2019」の価格をオーバーするので、3年以上使うなら買い切りモデルを選ぶのもアリです。

　しかし、買い切りモデルにはサポート期限が設定されており、「Office Home & Business 2019」の場合は2025年10月。そのことも考慮してOffice製品を選びましょう。

　なお、本書は「Office 365 Solo」を用いて解説しています。

Windows

10

Windows10
を使いこなす

予測入力で文字入力のスピードを上げる◉ウィンドウの一覧を表示してアプリを切り替える◉コピー
&ペーストで繰り返しの手間を省く◉ファイルを開かずに中身を確認する◉行方不明になったファ
イルを探す◉スタートメニューからアプリを起動する◉スタートメニューにないアプリを起動する◉
タスクバーからアプリを起動する◉タスクバーにアプリを登録する◉アプリの名前を検索してアプ
リを起動する◉ウィンドウのサイズを大きくして見やすくする◉アプリの名前を検索してアプ
ファイルのアイコンサイズを変更する◉操作するアプリを切り替える◉ウィンドウを最大化・最小化する◉
レイアウトする◉ウィンドウのサイズを画面の1/2・1/4サイズにする◉タスクバーを見やすく
リを切り替える◉ジャンプリストから最近使ったファイルを開く◉よく使うファイルをジャンプリスト
に登録する◉ウィンドウを消してデスクトップを表示する◉仕事の内容に合わせて使うデスクトップ
を切り替える◉文字入力は「ひらがな」と「英数字」を使い分ける◉ひらがなを入力して漢字に変換
する◉ひらがなをカタカナに変換する◉長文を入力して漢字に変換する◉変換の区切り位置を調節
する◉入力し終えた文字を再変換する◉読み方のわからない字を入力する◉よく使う言葉を登録し
て変換しやすくする◉郵便番号から住所を入力する◉インターネットを検索する◉切り取りとペー
ストで文章の順番を入れ替える◉デスクトップのファイルを別のフォルダーに移動する◉デスクトッ
プのファイルを別のフォルダーにコピーする◉間違えて入力したファイルの名前を修正する◉ファ
イルの名前を連続で変更する◉パソコン画面を資料に貼り付ける◉新しいフォルダーにファイルを
まとめて整理する◉ZIP形式の圧縮ファイルを展開する◉複数のファイルをZIP 形式で圧縮する
◉ファイルの中身まで検索する◉用事の済んだファイルをパソコンから削除する◉誤って削除した
ファイルを元に戻す◉パソコンにすばやくロックをかける◉一定時間たったら自動的にロックする◉
すぐに復帰できる状態にする◉動かなくなってしまったアプリを強制終了する◉不要なアプリを削
除する◉複数の端末で同じファイルを利用する◉パソコンのシステム情報を見る◉視覚効果をオフ
にして高速化◉キーボードの反応を早くする◉フォルダやウェブサイトの情報を最新にする◉カーソ
ルを行頭に移動する◉カーソルを行末に移動する◉カーソルを文頭に移動する◉カーソルを文末
に移動する◉キーボードで文字を選択する◉キーボードで1行丸ごと選択する◉マウスですばやく
範囲指定する◉ファイル内のすべてを選択する◉検索ボックスをアイコン化する◉検索エンジンを
Googleに変更する◉Googleを計算機として使う◉検索ボックスで単位を換算する◉Google
で今日の天気を知る◉複数の語を含むサイトを検索する◉どちらか片方の語を含むサイトを検索する
◉ある語を含むサイトを検索しない◉ある語と完全に一致するサイトを検索する◉言葉の意味を調
べる◉ファイルを誰でも見られるように保存する◉PDFに注釈を入れる

Windows 10

メインとなる画面の 名称と機能を覚えよう!

Windows 10にログイン後、最初に表示される画面がデスクトップです。ここでは、アプリの起動やファイルの検索、パソコンの設定などさまざまなことができます。ここでは、アプリの起動方法や文字入力の方法、ファイルやフォルダの整理方法など、パソコンを上手に扱うための基本を学びましょう。

①デスクトップ
ウィンドウやアイコンを表示する基本画面です。ファイルの管理からアプリの実行まで、すべての操作はここで行います。

②ごみ箱
削除したファイルが一時的に保管される特殊なフォルダーです。ごみ箱にあるファイルなら元の状態に戻すこともできます。

③アプリウィンドウ
アプリを起動すると、このようにウィンドウが表示されます。ウィンドウのサイズは自由に調整可能です。

④スタートボタン
クリックすると、スタートメニューを表示します。

⑤スタートメニュー
アプリの起動やログアウト、シャットダウンなどを行うメニューです。メニューの右側にある四角いアイコンは「タイル」といいます。

⑥検索ボックス
パソコン内のファイルやアプリを検索できる場所です。検索ボックスからインターネットの検索もできます。

⑦コルタナ
クリックすると音声アシスタント「コルタナ」が起動します。パソコンと会話をするような形でスケジュールやアラームなどの確認・設定を行えます。

⑧タスクバー
起動中のアプリのアイコンが表示される場所です。

⑨通知領域
ネットワークやセキュリティ、音量の状態などを表示するアイコンが表示される場所。アイコンをクリックすると、詳細な情報を確認できます。

⑩アクションセンター
Windowsのアップデートや新たに接続されたデバイスなどの通知が確認できる場所です。通知の領域内の□をクリックすると表示されます。

クリック
マウスの左ボタンを押す操作のこと。アイコンやメニューを選択するときに使います。

ダブルクリック
マウスの左ボタンを2回連続で押す操作のこと。ファイルやフォルダーを開くときに使います。

ドラッグ
マウスの左ボタンを押したまま、マウスを移動させたあと、ボタンを離す操作のこと。ファイルやフォルダーの移動や、文字を選択するときなどで使います。

右クリック
マウスの右ボタンを押す操作のこと。マウスポインターを合わせている場所やアイコンに関連するメニューが表示されます。

001

超重要

文字入力

これだけはゼッタイ覚えておきたい必須中の必須テクニック！

予測入力で文字入力の
スピードを上げる

スマートフォンの文字入力を助けてくれる予測入力は、変換操作不要で入力したい言葉の候補が出現します。これと同様の機能を、Windows10でも利用できます。予測入力を利用する設定にしておけば、指定した文字数を入力した時点で自動的に変換候補を表示できるようになります。

1 プロパティを開く

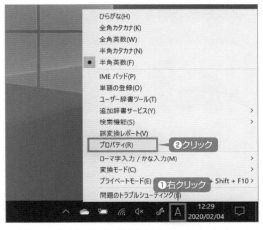

まずは予測入力が使えるように設定を変更しましょう。タスクバーにある「A」（「あ」または「カ」の場合もあります）を❶右クリックし、❷「プロパティ」をクリックします。

2 「詳細設定」をクリックする

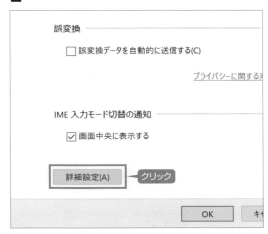

「Microsoft IMEの設定」ダイアログボックスが表示されます。予測入力の設定画面を表示するため、「詳細設定」をクリックしましょう。

3 予測入力を有効化する

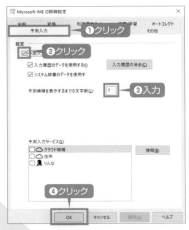

❶「予測入力」タブの❷「予測入力を使用する」にチェックを入れます。❸「予測入力を表示するまでの文字数」に数字（1～15）を入力し、❹「OK」をクリックします。

4 予測入力を利用する

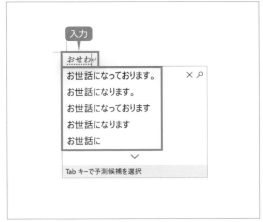

手順3で指定した数だけ文字を入力すると、予測候補が表示されます。この中から入力したい文字を選べば、その文字を入力できます。

期待する候補が表示されないときは、「予測入力を表示するまでの文字数」をあえて5文字など大きな数字にするのも効果的ですよ。

Windows10を使いこなす

13

002

ウィンドウの一覧を表示して アプリを切り替える

タスクビュー

タスクバーの ▣ （タスクビュー）をクリックすると、タスクビュー画面に切り替わり、起動中の ウィンドウがサムネイル（小さな画像）で一覧表示されます。今、デスクトップでどんなウィンド ウを開いているか確認しながらアプリを切り替えることができます。この機能はWindows キーを押しながらTabキーを押すことでも利用できます。

1 タスクビューを表示する

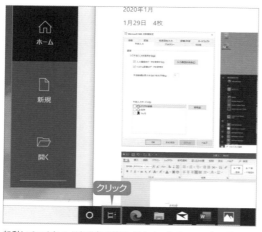

起動しているウィンドウが多すぎるときは、タスクビューから切り替えると 便利です。タスクバーの ▣ （タスクビュー）をクリックします。

2 ウィンドウをクリックする

タスクビュー画面に切り替わり、デスクトップで起動しているウィンドウの 一覧が表示されます。操作したいウィンドウのサムネイルをクリックしま しょう。

3 操作するアプリが切り替わる

デスクトップ画面に戻り、クリックしたアプリにウィンドウが切り替わりま す。

タスクビュー画面で「＋新しいデスクトップ」をクリックすると、 2つ目のデスクトップが追加されます。それぞれのデスクトッ プで別々のアプリを操作できるので、ビジネス用、プライベー ト用など、用途ごとにデスクトップを分けて使用できます。

アプリの切り替えは、Alt+Tabキーで も行えます。キーボード主体で操作する ときは、こちらの機能のほうが便利です。

コピー&ペーストで繰り返しの手間を省く

コピー&
ペースト

メールや企画書など、何度も繰り返し使う文章をその都度イチから入力するのは手間ですよね。こんなときは、元の文章をコピーして、宛名や製品名だけ書き替える方法がおすすめです。作業時間を数分の一で済ませることができます。よく使う機能なので、コピー（Ctrl+C）とペースト（Ctrl+V）のショートカットキーはぜひ覚えておきましょう。

1 選択した文章をコピーする

```
*無題 - メモ帳
ファイル(F)  編集(E)  書式(O)  表示(V)  ヘルプ(H)
コピー[選択][Ctrlキー+Cキー]しの手間を省く
コピーするテキスト

この上にテキストをペーストします。
```

「コピーするテキスト」という一文をコピーしてみます。文章を選択し、「Ctrl+C」キーを押してコピーします。

2 コピーした文章を貼り付ける

```
*無題 - メモ帳
ファイル(F)  編集(E)  書式(O)  表示(V)  ヘルプ(H)
コピー&ペーストで繰り返しの手間を省く

コピーするテキスト
[移動][Ctrlキー+Vキー]
この上にテキストをペーストします。
```

次に、コピーした文章を貼り付けます。文章を挿入したい位置をクリックしてカーソルを移動し、「Ctrl＋V」キーを押してみましょう。

3 文章が貼り付けられる

```
*無題 - メモ帳
ファイル(F)  編集(E)  書式(O)  表示(V)  ヘルプ(H)
コピー&ペーストで繰り返しの手間を省く

コピーするテキスト

コピーするテキスト
この上にテキストをペーストします。
```

コピーしたテキストが貼り付けられます。貼り付けられるのは、常に直前にコピーした文章です。それより前にコピーした文章を貼り付けたいときは、再度その文章をコピーします。

テキストを移動したいときは切り取り

コピー元のテキストが必要ない場合は、切り取り機能を使いましょう。Ctrl＋Xキーを押すと、選択中のテキストがコピーされると同時に画面から消えます。

```
*無題 - メモ帳                        —  □  ×
ファイル(F)  編集(E)  書式(O)  表示(V)  ヘルプ(H)
コピー&ペーストで繰り返しの手間を省く

コピーするテキスト
カットするテキスト  [Ctrl+Xキー]
コピーするテキスト
この上にテキストをペーストします。
```

```
*無題 - メモ帳                        —  □  ×
ファイル(F)  編集(E)  書式(O)  表示(V)  ヘルプ(H)
コピー&ペーストで繰り返しの手間を省く

コピーするテキスト

コピーするテキスト
この上にテキストをペーストします。
```

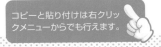

コピーと貼り付けは右クリックメニューからでも行えます。

004

ファイルを開かずに 中身を確認する

ファイル操作

ファイルの中身をさっと確認したくても、ファイルにひもづいたアプリの起動に意外と時間がかかってしまいます。複数のファイルがあればなおのことです。こんなときは、エクスプローラーのプレビューウィンドウを利用しましょう。ファイルを選択しただけで中身が見られるので、簡単に確認を済ませることができます。

1 フォルダーを開く

ファイルの入っているフォルダーをダブルクリックします。または、スタートボタンを右クリックし、「エクスプローラー」をクリックしてもかまいません。

2 プレビューウィンドウを表示する

エクスプローラーが起動しました。初期状態ではプレビューウィンドウは表示されていません。❶「表示」タブの❷ ▯▯（プレビューウィンドウ）をクリックしましょう。

3 確認したいファイルを選択する

エクスプローラーの右側にプレビューウィンドウが表示されます。この状態で、中身を見たいファイルをクリックしてみましょう。

4 ファイルの中身をプレビューする

プレビューウィンドウにファイルの中身が表示されました。プレビューウィンドウを閉じたいときは、再度「表示」タブの「プレビューウィンドウ」をクリックします。

ファイルの種類によっては、プレビューウィンドウに中身が表示できないものもあります。

行方不明になった ファイルを探す

超重要

ファイル操作

「あのファイル、どこにしまったんだっけ……」。こんなふうにファイルの保存先を忘れたり、どこかになくしてしまったりすることはよくあるものです。こんなときは、タスクバーの検索ボックスにファイル名の一部を入力すればすぐに解決。Windowsがパソコン内から、該当するものを探し出してくれます。

1 検索ボックスをクリックする

どこに保存したか忘れてしまった「請求書_2020年4月_エクセル本」という名前のエクセルファイルを探してみましょう。まずは、タスクバーの検索ボックスをクリックします。

2 ファイル名を入力する

検索ボックスにファイル名を入力します。正確な前が思い出せない場合は、「請求書」のように、ファイル名の一部だけでもかまいません。

3 ファイルの保存先を開く

検索結果が表示されました。詳細を確認したいファイルの情報がメニュー右側に表示されるので、「ファイルの場所を開く」をクリックします。

4 ファイルを確認する

エクスプローラーが起動し、ファイルの保存場所が表示されます。開いて内容を確認したり、コピーして別の資料に使い回したりと、活用しましょう。

検索結果でファイル名をクリックすると、その場ですぐファイルを開けます。

Windows10を使いこなす

17

スタートメニューから
アプリを起動する

アプリの
起動

Windows 10では、スタートボタンをクリックすると表示されるスタートメニューからアプリ
を起動します。「タイル」という四角いアイコンをクリックして、目的のアプリを起動しましょう。
起動したいアプリが見つからない場合は、テク007を参考にしてみてください。

ここではスタート画面からExcelを起動してみましょう。❶スタートボタンを
クリックしてスタート画面を表示し、❷任意のタイル(ここでは「Excel」)
をクリックします。

アプリ(ここではExcel)が起動します。

スタートメニューにない
アプリを起動する

アプリの
起動

スタートメニューに表示されている「タイル」のなかに、使いたいアプリが見つからない場合
は、画面左のメニューから探します。ここに、パソコンにインストールされているアプリの一覧
が表示されます。

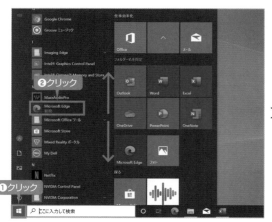

❶スタートボタンをクリックしてスタートメニューを表示し、画面左のメ
ニューから❷使いたいアプリ(ここでは「Microsoft Edge」)をクリックし
ます。

アプリ(ここではMicrosoft Edge)が起動します。

008

アプリの起動

タスクバーから
アプリを起動する

タスクバーに表示されているアイコンをクリックすると、スタートメニューを使わなくてもアプリを起動できます。初期状態ではMicrosoft Edgeとエクスプローラー、Microsoft Storeのアイコンが登録されています。

タスクバーに表示されているアプリのアイコン（ここでは「Microsoft Edge」）をクリックします。

アプリ（ここではMicrosoft Edge）が起動します。

009

アプリの起動

タスクバーに
アプリを登録する

タスクバーに任意のアプリアイコンを追加すれば、いちいちスタートメニューを開かなくてもすぐにアプリを起動できます。Edge、エクスプローラー、メール以外でよく使うアプリがあれば、登録しておきましょう。

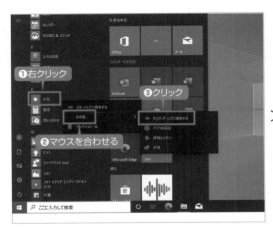

❶スタートメニューで任意のアプリ（ここでは「天気」アプリ）を右クリックし、❷「その他」→❸「タスクバーにピン留めする」をクリックします。

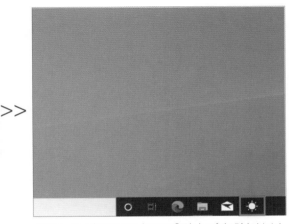

タスクバーにアプリのアイコン（ここでは「天気」アプリ）が追加されます。

010

アプリの起動

アプリの名前を検索して
アプリを起動する

スタートメニューからいちいちアプリを探すのが面倒なら、検索ボックスにアプリの名前を入力してみましょう。候補の中から目的のアプリをクリックするだけで起動します。起動しづらくなったコントロールパネルを呼び出すときなどに便利なテクニックです。

>>

検索機能を利用してコントロールパネルを起動してみましょう。タスクバーにある検索ボックスをクリックします。

❶アプリ名（ここでは「コントロールパネル」）を入力し、❷起動したいアプリをクリックします。最上部に候補が表示されている場合は、Enterキーを押すだけでも起動できます。

011

ウィンドウ
サイズの変更

ウィンドウのサイズを
大きくして見やすくする

ウィンドウの四辺または四隅をドラッグすれば、アプリのウィンドウサイズを自由に変更できます。ウィンドウが小さくて内容が確認しづらいときは、サイズを大きめに調整してみましょう。

>>

ウェブブラウザー「Edge」のウィンドウを大きくしてみましょう。❶ウィンドウの右下にマウスポインターを合わせ、❷ ▨ の形になったらドラッグします。

ドラッグで自由にウィンドウのサイズを変更できます。画面全体にウィンドウを大きくしたいときは、テク012に参考にウィンドウを最大化しましょう。

012
ウィンドウを
最大化・最小化する

ウィンドウ
操作

ウィンドウを画面全体に表示することを「最大化」、ウィンドウをタスクバーにしまうことを「最小化」と言います。画面が小さいノートパソコンなどでは、ウィンドウを大きく表示できる最大化を活用しましょう。

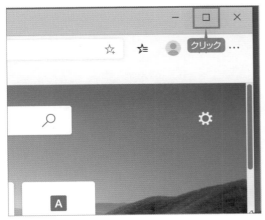

>>

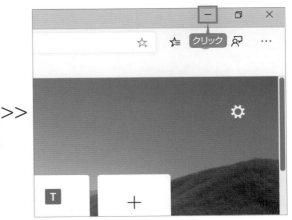

ウィンドウの右上にある □ をクリックすると、ウィンドウが最大化します。ウィンドウのサイズを元に戻したいときは、□ をクリックします。

ウィンドウを最小化したいときは、━ をクリックします。ウィンドウのサイズを元に戻したいときは、タスクバーのアプリアイコンをクリックします。

013
ファイルのアイコンサイズを
変更する

見やすい
アイコン配置

ファイルやフォルダなど、アイコン類のサイズは右クリックメニューの「表示」で変更できますが、「大アイコン」「中アイコン」など数種類の中からしか選べません。マウスホイールを利用すると、より細かく調整できます。見やすいサイズに変更しておくといいでしょう。

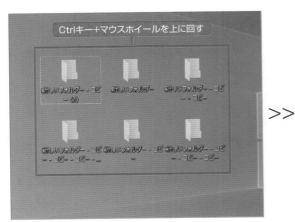

>>

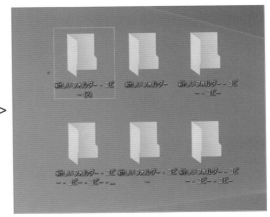

デスクトップの何もないところ（どこでもかまいません）をクリックし、Ctrlキーを押しながらマウスホイールを上に回します。

アイコンサイズが拡大しました。逆にマウスホイールを下に回すと縮小します。また、フォルダー内をクリックしてから上下に回すと、そのフォルダー内のアイコンサイズだけが拡大・縮小します。

014

ウィンドウ操作

操作するアプリを
切り替える

操作するアプリを切り替えたいときは、目的のウィンドウをクリックするだけでOKです。クリックしたウィンドウが操作できるようになります。デスクトップのウィンドウが多すぎてクリックできないときは、タスクバー（テク017）やタスクビュー（テク002参照）を活用しましょう。

クリック

アプリが切り替わった

デスクトップにいろいろなアプリが表示されています。この中から、操作したいアプリのウィンドウ（ここではMicrosoft Edge）をクリックします。

クリックしたウィンドウが最前面に表示され、操作できる状態となります。

015

ウィンドウ操作

2つのウィンドウを
見やすくレイアウトする

起動中のアプリが増えてくると、ウィンドウが重なり合って操作しづらくなります。タイトルバーをドラッグして、使いやすい位置に移動しましょう。また、ウィンドウをドラッグしたまま画面の左右両端までドラッグすると、ウィンドウをきれいに2分の1サイズで配置することができます。

左端までドラッグ

クリック

Edgeとメールアプリを左右に配置してみましょう。Edgeのタイトルバーをドラッグして、ウィンドウを画面の左端まで移動します。

画面の左側に1/2サイズでウィンドウが配置されます。右側に残りのウィンドウのサムネイルが表示されるので、右半分に表示したいウィンドウをクリックして選びましょう。

016

ウィンドウ操作

ウィンドウのサイズを
画面の1/2・1/4サイズにする

テク015のウィンドウのサイズ変更は、ショートカットキーでも可能です。Windows+←キーで左1/2、→キーで右1/2サイズになります。そこからさらに、Windows+↑キーで左上(右上)1/4、↓キーで左下(右下)1/4サイズになります。

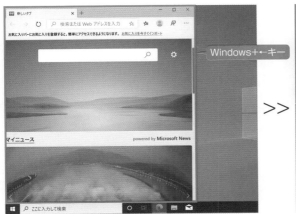

>>

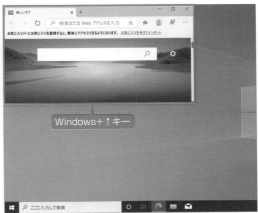

サイズを変更したいウィンドウを選択し、「Windows+←」キーを押すと、ウィンドウが画面のように左1/2サイズになります。

さらに「Windows+↑」キーを押すと、左上1/4サイズになります。なお、ここから「Windows+↓」キー「Windows+→」キーの順に押すと元のウィンドウサイズに戻せます。

017

超重要

アプリの
切り替え

タスクバーで操作する
アプリを切り替える

デスクトップの最下部に配置されているタスクバーには、起動中のアプリのアイコンが表示されており、アイコンをクリックすると、そのアプリが最前面に表示されます。ウィンドウが多いときは、タスクバーから操作するほうが、スムーズにアプリを切り替えることができます。

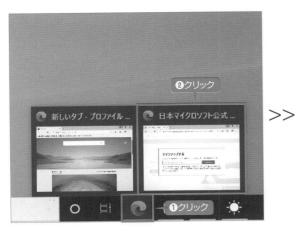

>>

タスクバー内の❶アイコンをクリックします。複数のウィンドウを開いている場合は、アイコンをクリックしたあと、操作したい❷ウィンドウをクリックします。

選択したウィンドウが最前面に表示され、操作できる状態となります。

018

ジャンプリスト

ジャンプリストから 最近使ったファイルを開く

タスクバーでアプリのアイコンを右クリックすると、最近開いたファイルが並ぶ「ジャンプリスト」が表示されます。ジャンプリストから任意の項目をクリックすると、手早くファイルを開き直せます。直前まで開いていたファイルを開き直したいときなどに活用しましょう。

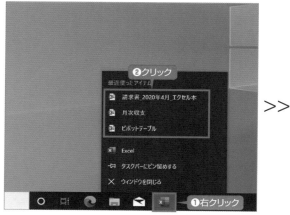

❶アプリのアイコンを右クリックし、❷開きたいファイルをクリックします。

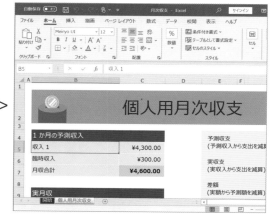

選択したファイルが開きます。

019

ジャンプリスト

よく使うファイルを ジャンプリストに登録する

チェックリストや定期的に更新する資料など、よく使うファイルをジャンプリストに登録(ピン留め)しておけば、すぐに開けて便利です。エクスプローラーではフォルダーを、Microsoft Edgeなどのウェブブラウザーでは、ウェブページをジャンプリストにピン留めできます。

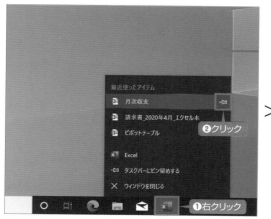

❶タスクバーのアイコンを右クリックし、❷ピン留めしたいファイルの ▭ (一覧にピン留めする)をクリックします。

ジャンプリストの「ピン留め」にファイルが登録されました。ピン留めを解除したいときは、▭ (一覧からピン留めを外す)をクリックします。

020

アプリを
すべて最小化

ウィンドウを消して
デスクトップを表示する

デスクトップに置いているアイコンやデスクトップを使いたいときは、タスクバーの右端をクリックしましょう。開いているウィンドウがすべて最小化され、デスクトップが表示されます。この機能は、Windowsキーを押しながらDキーを押すことでも利用できます。

1 タスクバーの右端をクリックする

ごみ箱を開きたいのですが、起動しているアプリが多すぎて、ごみ箱のアイコンが見えません。こんなときは、タスクバーの右端をクリックします。

2 デスクトップが表示された

表示していたすべてのウィンドウが消えて、デスクトップが表示されます。アプリは終了したわけではないのでご安心ください。これでごみ箱が開けますね。

3 再度タスクバーの右端をクリックする

最小化したウィンドウを元の状態に戻したいときは、もう一度タスクバーの右端をクリックします。

4 元の状態に戻る

最小化したウィンドウが元通りに表示されます。うまく元の状態に戻らないときは、手間ですが、1つずつタスクバーからアプリを元の状態に戻しましょう。

> タスクバーにマウスポインターを合わせるだけでも、ウィンドウがすべて透明になり、一時的にデスクトップを確認できます。

021

超重要

仕事の内容に合わせて
使うデスクトップを切り替える

仮想
デスクトップ

Windows 10では、1つの画面で複数のデスクトップを扱える「仮想デスクトップ」が新たに
搭載されました。「1つのプロジェクトで1つのデスクトップ」というふうに使い分ければ、並行
して複数の案件を抱えていても、扱うファイルを間違えるといった失敗も未然に防げるでしょ
う。

1 新しいデスクトップを作成する

タスクバーのタスクビューボタンをクリックし、タスクビューを表示します。
この画面の上部にある「＋新しいデスクトップ」をクリックしましょう。

2 新しいデスクトップに切り替える

タスクビューから操作したいデスクトップを選択できます。「デスクトップ
2」をクリックします。

3 デスクトップ2に切り替わる

「デスクトップ2」が作成され、画面がデスクトップ2に切り替わります。操
作するデスクトップを切り替えたいときは、再度タスクビューを表示します。

4 デスクトップ間でアプリを移動する

タスクビューで、アプリのウィンドウをデスクトップ2にドラッグすると、デス
クトップ1で開いていたウィンドウをデスクトップ2に移動できます。

CtrlキーとWindowsキーを押しながら
←キーもしくは→キーを押すことでも、デ
スクトップを切り替えることができます。

Windows 10

022

超重要

文字入力

文字入力は「ひらがな」と「英字」を使い分ける

パソコンでは、「ひらがな」モードと「直接入力」モードを切り替えながら文字を入力します。「ひらがな」モードでは日本語を、「直接入力」モードで英数字を入力します。2つのモードはキーボードの「半角/全角」キーで切り替えることができます。

100% Windows (CRLF) UTF-8

半角/全角キー
直接入力モード

A 13:09 2020/02/04

>>

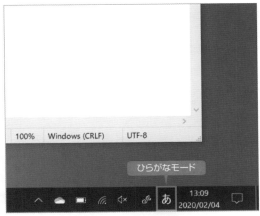

100% Windows (CRLF) UTF-8

ひらがなモード

あ 13:09 2020/02/04

メモ帳などのアプリを起動し、入力欄にカーソル(¦のようなアイコンのこと)が表示されると文字が入力できる状態となります。「半角/全角」キーを押します。

ひらがなモードと直接入力モードが切り替わります。タスクバーのアイコンが「あ」のときはひらがなモード、「A」のときは直接入力モードです。

023

超重要

文字入力
漢字変換

ひらがなを入力して漢字に変換する

ひらがなモードで入力したひらがなは、スペースキーを押すと漢字に変換できます。再度スペースキーを押すと別の漢字に変換されるので、目的の漢字を選んでから「Enter」キーを押しましょう。

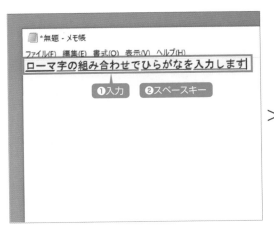

*無題 - メモ帳
ファイル(F) 編集(E) 書式(O) 表示(V) ヘルプ(H)
ローマ字の組み合わせでひらがなを入力します

❶入力 ❷スペースキー

>>

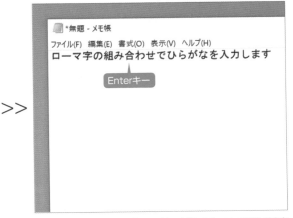

*無題 - メモ帳
ファイル(F) 編集(E) 書式(O) 表示(V) ヘルプ(H)
ローマ字の組み合わせでひらがなを入力します

Enterキー

❶ひらがなモードでひらがなを入力したら、❷スペースキーを押して漢字に変換します。ひらがなモードのときはローマ字の組み合わせでひらがなを入力できます。

適切な漢字に変換されたら「Enter」キーを押します。これで変換が確定されます。確定前に再度スペースキーを押すと、別の変換候補を選べます。

024

文字変換
カタカナ

ひらがなをカタカナに変換する

カタカナへの変換も基本的にスペースキーを押せばOKです。候補に表示されない語句に変換したいときは「無変換」キーを押します。変換中の場合は2回「無変換」キーを押すと、カタカナに変換されます。

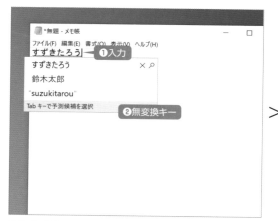

>>

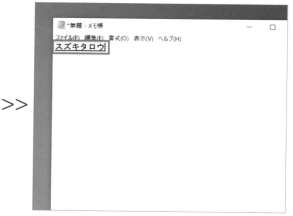

❶「ひらがな」モードでひらがなを入力したら、❷「無変換」キーを押します。「リンゴ」のような一般的な単語なら、スペースキーを押して変換しても大丈夫です。

入力した語句がまとめてカタカナに変換されます。もう一度「無変換」キーを押すと半角カタカナになり、さらにもう一度「無変換」キーを押すとひらがなに戻ります。

025

文字入力
漢字変換

長文を入力してまとめて漢字に変換する

文字を入力するときは、長文を入力して一度にまとめて変換するほうが前後の文脈を見て変換してくれるので、精度が高くなります。正しい変換候補が表示されないときは、←もしくは→キーで間違った候補の文節まで移動し、スペースを押して正しい候補を選びましょう。

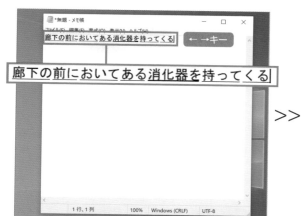

>>

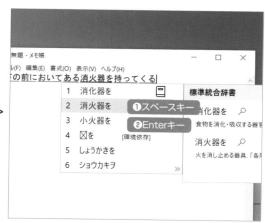

ひらがなをまとめて入力したあと、スペースキーを押して変換します。うまく変換できていない文字がある場合は、←キーもしくは→キーを押して、変換したい文節まで移動します。

❶スペースキーを押して適切な漢字に変換したら、❷Enterキーを押します。今回は「消化器」と変換されている文字を「消火器」に変換し直しました。

026

超重要

変換の区切り位置を調節する

文字変換
区切り位置

「今日は医者に行く」と変換しようとすると、「今日歯医者に行く」と誤変換されることがあります。これは「きょう」と「はいしゃに」で区切って変換されているため。Shiftキーを押しながら「←」もしくは「→」キーを押して、「きょうは」と「いしゃに」で区切り直すと、うまく変換されます。

📝 *無題 - メモ帳

ファイル(F)　編集(E)　書式(O)　表示(V)　ヘルプ(H)

今日歯医者に行く ← ❶入力

❷スペースキー

>>

📝 *無題 - メモ帳

ファイル(F)　編集(E)　書式(O)　表示(V)　ヘルプ(H)

きょうは いしゃに行く

❶Shiftキー ＋ ← →キー

❷区切りを設定

❸スペースキー

❶「きょうはいしゃにいく」と入力して、❷スペースキーを押して変換すると、「今日歯医者に行く」と変換されてしまいました。「今日は医者に行く」に変換し直しましょう。

❶Shiftキーを押しながら「←」「→」キーを押すと、変換の区切り位置を調節できます。❷「きょうは」で一区切りに設定したら、❸再度スペースキーを押して変換しましょう。

027

入力し終えた文字を再変換する

文字入力
再変換

文字の変換を確定してから誤変換に気付くことってよくありますよね。こんなときは、誤変換した文字を選択してから「変換」キーを押します。選択した文字が再度変換できる状態となるので、候補を選択して「Enter」キーを押します。これなら文字を再入力する手間がかかりません。

📝 *無題 - メモ帳

ファイル(F)　編集(E)　書式(O)　表示(V)　ヘルプ(H)

文字を返還した ← ❶選択

❷変換キー

>>

📝 *無題 - メモ帳

ファイル(F)　編集(E)　書式(O)　表示(V)　ヘルプ(H)

文字を返還した

1	返還した
2	変換した
3	変換
4	返還
5	へんかんした
6	ヘンカンシタ

❶選択

❷Enterキー

「変換」と入力すべきところを、「返還」と入力してしまいました。再変換したいときは、❶誤入力した語句「返還」をマウスなどで選択して、❷「変換」キーを押します。

選択した語句が再変換されます。❶スペースキーを押して正しい候補（この場合は「変換」）を選択したら、❷Enterキーを押し、確定し直します。

028

（超重要）

手書き入力

読み方のわからない字を
入力する

正しい形はわかるものの読めない……という字をキーボードで入力するのは至難の業でしょう。こんなときは、マウスを使ってIMEパッドにその字を手書き入力すると、形を認識してその字だと思われる候補をWindowsが探し出してくれます。正解を見つけたら、それをそのまま入力することもできます。

1 IMEのアイコンを右クリックする

ここでは「椛」という漢字を手書きで入力してみましょう。漢字を入力したい位置にカーソルを合わせ、タスクバーの「あ」（「A」または「カ」の場合もある）を右クリックします。

2 「IMEパッド」を開く

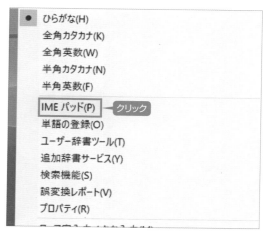

Microsoft IMEのメニューが表示されるので、「IMEパッド」をクリックします。

3 文字を手書き入力する

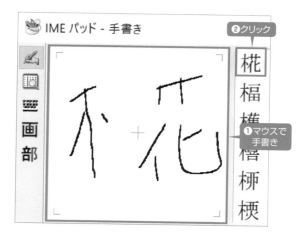

IMEパッドが表示されました。ダイアログボックスの左スペースで❶マウスをドラッグし、文字を手書きします。文字の候補が表示されたら❷クリックします。

4 文字が入力された

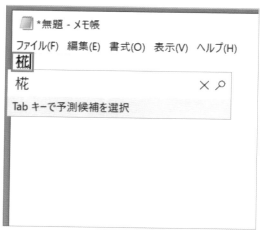

クリックした文字が入力されました。漢字の読みが知りたい場合は手順3の画面で、漢字にマウスポインターを合わせると確認できます。

わからない文字は手書きモードで調べよう!

Windows10

029

よく使う言葉を登録して変換しやすくする

頻出単語の辞書登録

長い会社名やちょっと変わった名前、一回で変換できない言葉は変換や入力が面倒です。もし何度も入力する機会があるならば、あらかじめ単語登録をしておきましょう。登録した読み方で変換すると、登録した言葉が上のほうに表示されるようになり、入力が一気に楽になります。

1 単語登録したい言葉を選択する

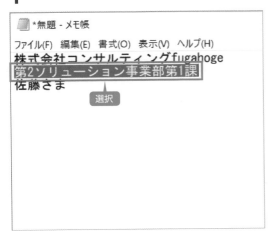

あらかじめメモ帳などに、単語登録したい言葉を入力しておきましょう。「メール」アプリの画面でもかまいません。単語登録したい言葉を選択します。

2 単語の登録画面を開く

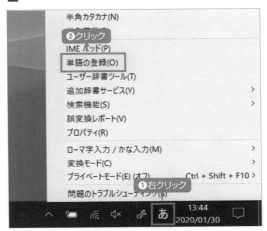

次に単語登録の画面を表示します。タスクバーの「あ」（「A」または「カ」の場合もあります）を❶右クリックし、❷「単語の登録」をクリックします。

3 単語を登録する

「単語の登録」ダイアログボックスの❶「よみ」に手順2で選択した語の登録したい読み方を入力します。ここでは「だい2」としました。入力後、❷「登録」をクリックし、「閉じる」をクリックします。

4 登録した「よみ」で変換する

❶*無題 - メモ帳
ファイル(F) 編集(E) 書式(O) 表示(V) ヘルプ(H)
株式会社コンサルティングfugahoge

入力・変換

だい2

第2ソリューション事業部第1課 × ↗
だい2
第2回
第2項
第2試合

Tab キーで予測候補を選択

「だい2」と入力して変換すると、「第2ソリューション事業部第1課」と入力できるようになりました。メールのあいさつ文なども登録しておくと便利です。

一発で変換できない言葉が出てきたら、辞書に登録する癖を付けましょう。これを続けると、自然と効率的に文字を入力できるようになります。

030

郵便番号から住所を入力する

住所の入力

7ケタの郵便番号は、都道府県市区町村はもちろん、地域ごとに細かく分かれています。パソコンでは郵便番号を住所に変換できます。住所が入力できたら、あとは丁目や番地、ビルの名前などを入力するだけ。長い住所を入力する手間もなく、うっかりミスも減らせます。

1 辞書の設定画面を呼び出す

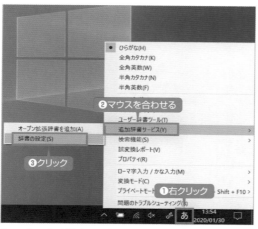

タスクバーの「あ」(「A」または「カ」の場合もあります)を❶右クリックし、❷「追加辞書サービス」→❸「辞書の設定」をクリックします。

2 郵便番号辞書を追加する

Microsoft IMEの設定画面が表示されます。❶「辞書/学習」タブ内の「システム辞書」の下にある❷「郵便番号辞書」にチェックを入れ、❸「OK」をクリックします。

3 郵便番号を入力する

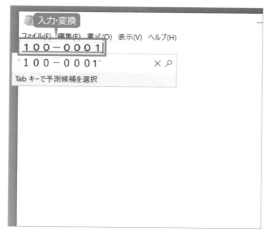

これで郵便番号から住所を変換できるようになりました。試しに郵便番号を入力し、スペースキーを押して変換してみましょう。

4 住所に変換された

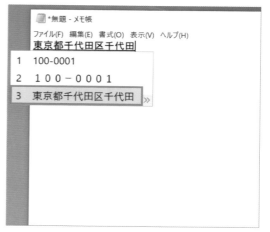

変換候補に、入力した郵便番号に対応した住所が表示されました。住所の変換候補を選択してEnterキーを押すと、住所を入力できます。

自宅と職場の郵便番号を覚えておくだけでも、かなりの時間の節約になります。

Windows10

031

超重要

インターネットの
検索

インターネットを検索する

調べたいことがでてきたら、インターネットを使いましょう。タスクバーの検索ボックスに調べたい言葉を入力すると、マイクロソフトのBingという検索エンジンが起動、検索結果を表示してくれます。検索結果をクリックすると詳細をウェブブラウザーで確認できます。

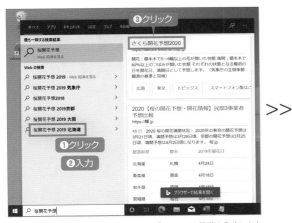

>>

❶タスクバーの検索ボックスをクリックし、❷調べたい言葉を入力します。
❸Bingの検索結果が表示されるので、詳細を見たい候補をクリックしましょう。

ウェブブラウザ（インターネットを見るためのソフト。初期設定はMicrosoft Edgeです）が起動し、手順1でクリックしたWebページが表示されます。

032

超重要

切り取りと
ペースト

切り取りとペーストで文章の順番を入れ替える

文章の順番を入れ替えたいときは、「切り取り」を使いましょう。切り取りは、選択した文章を削除すると同時にコピーする機能のことです。Ctrl＋Vキーを押せば、コピー時と同様、文章を貼り付けることができます。

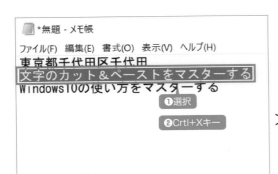

>>

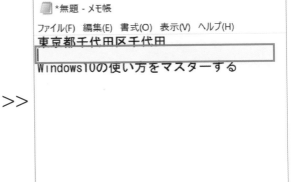

❶切り取りしたい文章を選択し、❷「Ctrl＋X」キーを押してみましょう。

選択した文章が削除されます。文章を挿入したい位置にカーソルを移動し、「Ctrl＋V」キーを押すと、コピーしたテキストが貼り付けられます。

033

ファイルの
移動

デスクトップのファイルを別のフォルダーに移動する

デスクトップにファイルを溜めすぎると、必要なファイルがどこにあるのかわからなくなってしまいます。溜めこんだファイルは、適切なフォルダーに移動して整理しましょう。

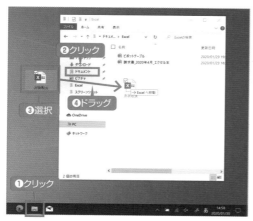

❶タスクバーの ■ (エクスプローラー)→❷「ドキュメント」をクリック。❸デスクトップのファイルを選んで❹エクスプローラーにドラッグすると、ファイルが「ドキュメント」フォルダーに移動します。

034

ファイルの
コピー

デスクトップのファイルを別のフォルダーにコピーする

ファイルをコピーするときの操作方法は、移動とほぼ同じです。ファイルを選び、Ctrlキーを押しながら別のウィンドウにドラッグしましょう。

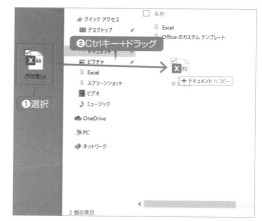

コピー元とコピー先のエクスプローラーを開き、❶コピーするファイルを選択。❷Ctrlキーを押したままコピー先のウィンドウにドラッグすると、ファイルがコピーされます。

035

ファイルの
名前を変更

間違えて入力したファイルの名前を修正する

ファイル名を誤入力したときは、対象のファイルを選んで「F2」キーを押すと修正できます。ファイルをゆっくりと2回クリックすることでもファイル名を変更できる状態になります。

名前を変更したいファイルを選択し、「F2」キーを押します。ファイルのアイコンをゆっくり2回クリックしてもかまいません。❶新しい名前を入力し、❷Enterキーを押すと、名前の変更が完了します。

036

ファイルの名前
を変更

ファイルの名前を連続で変更する

名前を変えたいファイルが複数ある場合、1つめのファイルの名前を変えたあとにTabキーを押します。次のファイルの名前が変更できる状態になり、効率化が図れます。

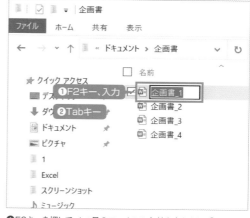

❶F2キーを押して、1つ目のファイルの名前を変えたら、❷Tabキーを押します。1つ目のファイルの名前が変更されると同時に、2つ目のファイルの名前を変更できる状態になります。

パソコン画面を資料に貼り付ける

PrintScreenキーを利用すると、パソコンの画面やウィンドウを画像としてコピーする「スクリーンショット」を撮影できます。コピーした画像は、2章以降で紹介するWordやExcel、PowerPointの書類などに貼り付けられます。説明のためにパソコン画面の画像が必要、というときに使えます。

1 Wordにスクリーンショットを貼り付ける

ここでは、Wordのファイル内に画面やウィンドウのスクリーンショットを貼り付ける方法を紹介します。

2 パソコンの画面全体を撮影する

パソコンの画面全体をコピーしたい場合は、PrintScreenキーを押します。PrintScreenキーは、多くのキーボードの右上の方に配置されています。

3 スクリーンショットを貼り付ける❶

Wordのファイル内で「Ctrl+V」キーを押すと、パソコンの画面全体が画像として貼り付けられます。

4 ウィンドウ単体を撮影する

ウィンドウ単体をコピーしたい場合は、❶コピーしたいウィンドウをクリックし、❷Altキーを押しながらPrintScreenキーを押します。

5 スクリーンショットを貼り付ける❷

撮影したスクリーンショットを画像として保存したい場合は、ペイントアプリを起動し、貼り付けてからファイルとして保存します。

Wordのファイル内で「Ctrl+V」キーを押すと、手順4でクリックしたウィンドウだけが画像として貼り付けられます。

038

フォルダーの
作成

新しいフォルダーを作って
ファイルをまとめて整理する

ユーザー自身で新しいフォルダーを作り、ファイルをまとめることもできます。増えてきたファイルはフォルダーで整理しておくと、必要なときに目的のファイルをすぐに見つけられます。フォルダーの作成も、エクスプローラーから行います。

>>

エクスプローラーでフォルダーを作成したい場所まで移動し、❶「ホーム」タブの❷「新しいフォルダー」をクリックします。

新しいフォルダーが作成されます。❶フォルダーの名前を入力し、❷Enterキーを押しましょう。あとは、このフォルダーにファイルをドラッグして移動します。

039

ZIPファイル
の展開

超重要

ZIP形式の圧縮ファイルを
展開する

メールの添付ファイルなどでよく見るZIP形式の圧縮ファイルは、専用アプリを使わずとも、エクスプローラーで直接展開が可能です。また、ファイルをダブルクリックすれば、展開しなくても圧縮ファイルの内容を確認できます。

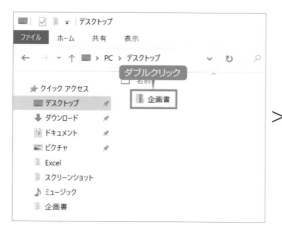

>>

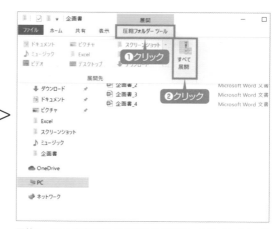

メールで送られてきた「企画書」圧縮ファイルの中身を確認してみましょう。圧縮ファイルをダブルクリックします。

圧縮ファイルの内容が表示されます。❶「圧縮フォルダーツール」→❷「すべて展開」をクリックすると、圧縮ファイルを展開して、中のファイルを自由に編集できる状態に戻します。

040

ファイルの
圧縮

複数のファイルを
ZIP形式で圧縮する

ファイルの圧縮も、エクスプローラーから行えます。複数のファイルを1つにまとめたいときは、あらかじめまとめたいファイルを選択してから、圧縮ファイルを作成するといいでしょう。メールでファイルを送るときも、大きなファイルは圧縮して容量を減らしてから添付しましょう。

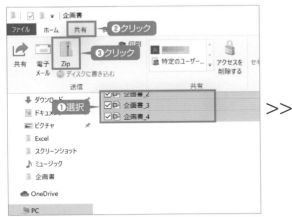

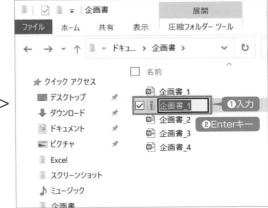

3つの企画書を圧縮ファイルにまとめてからメールで送ります。❶圧縮したいファイルを選択後、❷「共有」タブ→❸「Zip」をクリックします。

圧縮ファイルが作成されました。圧縮ファイルには1つめに選択したファイルの名前が自動で付けられるので、「F2」キーを押してファイル名を変更しておきましょう。

041

ファイルの検索

ファイル内の文字列を
検索する

探したいファイルの名前がわからなくなると、テク005の方法では見つけられません。そこで、ファイルコンテンツの検索を利用すると、ファイル内の言葉も検索できます。検索の量が膨大になるため、時間がかかることがありますが、目的のファイルが見つかる可能性が高まります。

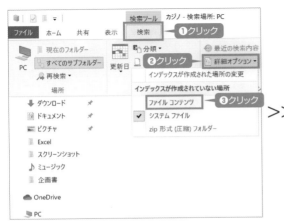

テク005を使って「カジノ」という言葉で検索しましたが、ファイルが見つかりませんでした。その後、❶「検索」タブの❷「詳細オプション」内にある❸「ファイルコンテンツ」をクリックします。

再び「カジノ」と入力して検索すると、ファイル内に「カジノ」という言葉のあるファイルが表示されます。

042

ファイルの
削除

用事の済んだファイルを
パソコンから削除する

用事の済んだファイルは適宜削除していかないとパソコンの容量が無駄に消費されてしまいます。Windowsでは、削除したファイルは「ごみ箱」という特殊なフォルダーに移動されます。ごみ箱を空にするまでは、容量は確保されたままとなります。

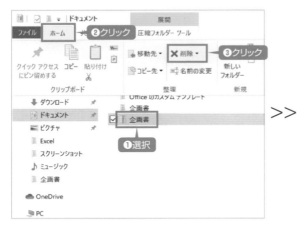

>>

❶エクスプローラーで不要なファイルを選択し、❷「ホーム」タブの❸「削除」をクリックします。Deleteキーを押すことでもファイルを削除できます。

デスクトップの「ごみ箱」アイコンをダブルクリックすると、ごみ箱の中身を確認できます。「ごみ箱ツール」タブ内の「ごみ箱を空にする」→「はい」をクリックすると、ファイルが完全に削除されます。

043

超重要

ファイルの
復元

誤って削除した
ファイルを元に戻す

間違って削除したファイルは、「ごみ箱」フォルダーから元に戻すことができます。ごみ箱内でファイルを削除すると、パソコンの容量を節約できますが、ファイルは元に戻せなくなるので注意が必要です。

>>

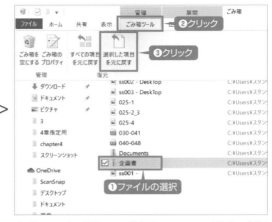

まずはごみ箱を開いて、中身を確認しましょう。デスクトップの「ごみ箱」アイコンをダブルクリックします。

ごみ箱フォルダーが開きました。❶復元したいファイルを選択し、❷「ごみ箱ツール」タブの❸「選択した項目を元に戻す」をクリックすると、選択したファイルが削除前の場所に復元されます。

044

パソコンにすばやく
ロックをかける

パソコンのロック

席を外すとき、パソコンを他の人に使われたり、パソコンの画面を見られたりするのは、気持ちのいいものではありません。これを防ぐために、さっとWindows+Lキーを押しましょう。画面がロック画面に切り替わり、再度利用するためにはパスワードが必要な状態になります。

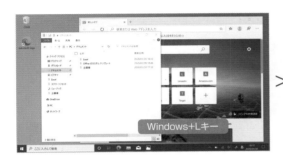 >>

Windowsキーを押しながらLキーを押します。ほぼどんな画面でも利用可能です。ロック(Lock)の「L」キーと覚えておきましょう。

ロック画面(ログイン前の画面)に切り替わります。画面をクリックするとサインイン画面が表示されるので、再びパスワードを入力すると、元の画面に戻ります。

045

一定時間たったら
自動的にロックする

パソコンのロック

一定時間操作がない場合にも、パソコンをロック画面にすることができます。テク044の操作をせずに席を外しても、自動でロック画面に切り替わるため、再度利用するためにはパスワードが必要になります。他の誰かに見られたり操作されたりする可能性も下がるでしょう。

 >>

デスクトップを右クリックして、「個人用設定」をクリック。続いて、左側の❶「ロック画面」→❷「スクリーンセーバー設定」をクリックします。

❶「待ち時間」を「5」に設定し❷「再開時にログオン画面に戻る」にチェックを入れます。❸「OK」をクリックすると、5分間操作がない場合に自動的にロック画面に移行します。

046

超重要

すぐに作業が再開できるように、スリープ状態にする

パソコンの
一時中断

パソコンの使用を中断するとき、スリープを使うと、パソコンを低電力状態にできます。シャットダウンでは時間がかかりますが、スリープならばスムーズに復帰できます。使用中のアプリも終了する必要がなく、電気代もごくわずかなので、ぜひ活用しましょう。

タスクバーの左隅にある「スタートボタン」をクリックします。

いちばん手早くスリープする方法は、実は電源ボタンを押すこと。多くのパソコンでは電源ボタンを押すとスリープに移行するよう設定されています。

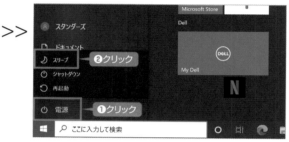

❶「電源」→❷「スリープ」をクリックすると、画面の表示が消え、スリープ状態になります。再度使うときは、キーボードやマウスのボタン（なんでもかまいません）を押すとロック画面に戻ります。

047

超重要

動かなくなってしまったアプリを強制終了する

強制終了

パソコンの動作がやけに重いなどの異常は、アプリの不具合が影響しているかもしれません。アプリが操作を受け付けず終了できないなら、強制終了させましょう。ただし、未保存のデータは失われる可能性があるので、非常時の手段として利用してください。

タスクバーの何もないところを右クリックし、「タスクマネージャー」をクリックします。

❶反応しないアプリを選択し、❷「タスクの終了」をクリックします。アプリが終了し、タスクの一覧からも消えます。スタートメニューから再度アプリを起動し、問題なく動作するか確かめてみましょう。

x

x

x

40

使わないアプリを
パソコン内から削除する

アプリの削除

パソコン内の使っていないアプリを削除（アンインストール）することで、ハードディスク（容量）を増やせます。余計なアプリはないほうが、パソコンの処理速度がアップし、動作が早くなるでしょう。また、会社のパソコンなどで容量が足りないときにも試してみるといいでしょう。

1 設定アプリを起動する

Windows 10では、アプリのアンインストールは設定アプリから行います。❶「スタートボタン」→❷「設定」をクリックします。

2 アプリの管理画面を開く

「設定」アプリが起動しました。次に、「アプリ」をクリックします。このメニューではアプリの各種設定や管理を行います。

3 削除したいアプリを選ぶ

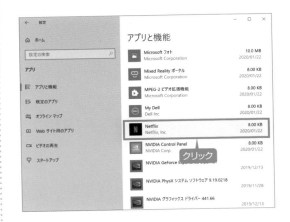

パソコン内にある（インストールされている）アプリの一覧が表示されます。この中から削除したいアプリをクリックします。

4 アプリをアンインストールする

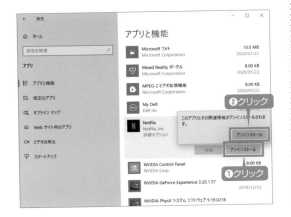

❶「アンインストール」→❷「アンインストール」とクリックすると、アプリが削除されます。アプリによっては、専用のアンインストール画面が表示されるものもあります。

> アンインストールを実行すると、専用のアンインストール画面が表示されるものもあります。画面の指示に従い、アンインストールを行いましょう。

049

超重要

複数の端末で
同じファイルを利用する

ファイルの共有

たとえば会社と外出先で同じファイルを使いたいという場合に役立つのが、マイクロソフトが提供するOneDriveというサービスです。異なる端末でも同じMicrosoftアカウントにサインインすると、その端末間で同じファイルを共有できます。通常のフォルダーと同じ感覚で使えて便利です。

1 OneDriveを起動する

OneDriveを利用するにはMicrosoftアカウントが必要です。ない場合はあらかじめ取得しておきましょう。❶「スタートボタン」→❷「OneDrive」をクリックします。

2 Microsoftアカウントでサインインする

❶メールアドレスを入力し、❷「サインイン」をクリックします。初めて利用するときは、このあと指示にしたがって初期登録を行います。なお、OneDriveのオンラインストレージは5GBまで無料で利用できます。

3 OneDriveフォルダーを開く

エクスプローラーで「OneDrive」をクリックします。このフォルダー内に保存したファイルは、同じMicrosoftアカウントでサインインしたほかのパソコンからでも開けます。

ほかのユーザーと共有する

OneDriveに保存したファイルをほかのユーザーと共有することもできます。❶OneDrive内のファイルを右クリックし、❷「共有」をクリックすると、ダウンロード用のURLが作成されるので、メールやSNSなどで共有したい人に送ります。

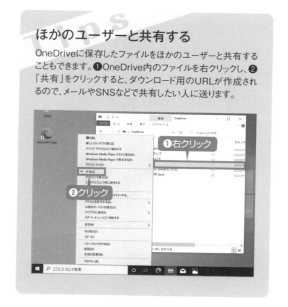

大容量のファイルを送るときは、メールに添付するよりOneDriveの共有機能を使ったほうが効率的!

050

システム情報

パソコンの
システム情報を
見る

パソコンの基本的な情報を確認したいときは、コントロール
パネルの「システム」を開いてみましょう。ここでは、使用し
ているパソコンのOSやCPU、メモリなどの情報を確認する
ことができます。

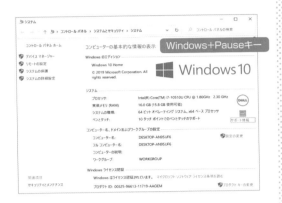

Windowsキーを押しながらPauseキーを押すと、コントロールパネル
の「システム」画面が開きます。CPUやメモリの容量、メーカーサポー
トの連絡先などが確認できます。

051

パソコンの
高速化

不要なファイルを
削除して
高速化する

パソコンの動作が遅いときは、不要なファイルを削除するの
も1つの手。Windows 10の機能「ストレージセンサー」を
有効にすると、自動的に不要なファイルを削除して空き容量
を増やしてくれます。

設定アプリで「システム」→「ストレージ」をクリックし、「ストレージセン
サー」を「オン」に設定します。これで、Windowsが自動で容量を確
保するようになります。

052

パソコンの
高速化

キーボードの
反応を早くする

キーボードの入力速度と画面に表示される速度が合わない
（画面が遅い）ということがあります。こんなときは、画面に
表示される速度を速くすると、文字入力の効率が上がるで
しょう。

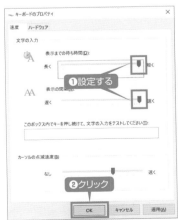

スタートメニューで「キーボード」と検索し、表示された項目をクリック。
❶「表示までの待ち時間」「表示の間隔」を最速にし、❷「OK」をク
リックしましょう。

053

画面の更新

フォルダーや
ウェブサイトの
情報を最新にする

フォルダー内に入れたファイルが見つからない場合や、ウェ
ブサイトの情報が古い場合は、最新の情報に更新すると解決
することがあります。更新は、更新ボタンを押すほか、F5
キーを押すだけでも実行できます。

更新したい情報のウィンドウに切り替えたら、「F5」キーを押しましょう。
Webページやファイルの情報を再読み込みし、画面が最新の状態
に更新されます。

054

カーソルの
瞬間移動

カーソルを
行頭に
移動する

カーソルを行の最初にもっていくときに、矢印キーを何度も押すのはあまりスマートではありません。Homeキーを押すだけで、行の最初にすっと移動できます。

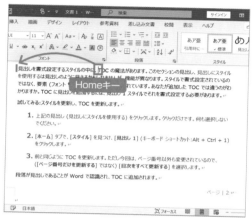

Homeキーを押すと、カーソルが一気に行の最初に移動します。Homeキーは多くのキーボードでは、カーソルキーの上側に配置されています。

055

カーソルの
瞬間移動

カーソルを
行末に
移動する

テク054とは逆に、カーソルを行末にもっていきたい場合は、Endキーを利用しましょう。何度もキーボードのボタンを押すよりずっと手軽にカーソルが移動できます。

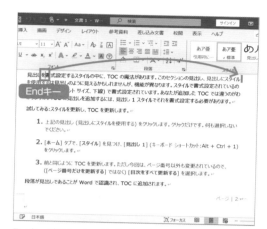

Endキーを押すと、カーソルが一気に行の最後に移動します。Endキーは多くのキーボードでは、カーソルキーの上側に配置されています。

056

カーソルの
瞬間移動

カーソルを
ファイルの最初に
移動する

カーソルをファイル内のいちばん最初に移動するときは、Ctrl+Homeキーが便利。ウィンドウ右のスクロールバーを上下するよりも早く、一瞬で移動することができます。

Ctrlキーを押しながらHomeキーを押すと、カーソルが一気にファイルの最初に移動します。書類のタイトルを変更したいときなどに便利です。

057

カーソルの
瞬間移動

カーソルを
ファイルの最後に
移動する

テク056とは反対に、ファイルの最後までカーソルを一瞬で移動させるには、Ctrl+Endキーを使います。このショートカットは、ブラウザの文字入力画面やメモ帳などでも利用可能です。

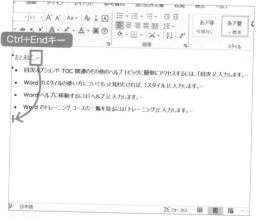

Ctrlを押しながらEndキーを押すと、カーソルが一気にファイルの最後に移動します。書類の最後から新しい情報を書き加えたいときにスピーディに作業に当たれます。

058

便利な文字選択

キーボードで
文字を
選択する

文字の色・サイズ変更や、コピー・切り取りなどをするときに
行う文字選択。Shiftキーを押しながら←→キーを押すと、
1文字単位で細かく選択することができます。

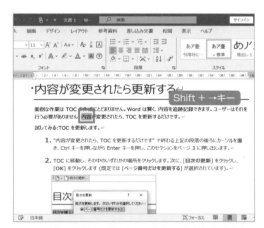

Shiftキーを押しながら「←」「→」キーを押すと、文字を1文字単位で
選択できます。マウスでは操作のしにくい小さな文字を選択するとき
に便利です。

059

便利な文字選択

キーボードで
1行まとめて
選択する

1行、2行など、選択する範囲が多少大きな場合には、Shift
キーを押しながら↑↓キーを押すと、カーソルのあるところ
からぴったり1行分上(下)の文字をまとめて選択できます。

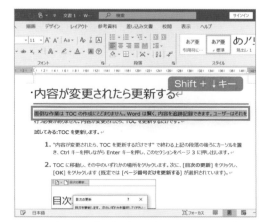

Shiftキーを押しながら「↑」「↓」キーを押すと、文字を1行単位で選
択できます。複数行のテキストをまとめてコピーや削除などしたいとき
に使いましょう。

060

便利な文字選択

一定の範囲を
まとめて
選択する

選択する文字が多い場合には、マウスも活用しましょう。選
択したい文字の始点をクリックし、Shiftキーを押しながら
終点をクリックすると、クリックした範囲の文字がすべて選
択できます。

❶選択したい文字の始点をクリックし、❷Shiftキーを押しながら終点
をクリックすると、指定した範囲の文字が選択できます。複数ページ
にまたがる文章でも選択できます。

061

便利な文字選択

ファイル内の
すべてを
選択する

ファイル内にあるすべての文字や画像を選択したい場合
は、Ctrlキーを押しながらAキーを押しましょう。右クリック
メニューの「すべて選択」と同じことが簡単にできます。

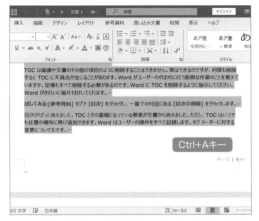

Ctrlキーを押しながらAキーを押すと、ファイル内のすべての文字や
画像が選択できます。文書内のテキスト全部をコピーしたいときに、
絶対に覚えておきたい機能です。

062 検索ボックスをアイコン化する

タスクバーの整理

タスクバーのアイコンが多くなると、検索ボックスが邪魔かもしれません。検索ボックスをアイコン化すれば、タスクバーのスペースを広くとることができます。

検索ボックスを❶右クリックし、❷「検索」にマウスポインターを合わせ、❸「検索アイコンを表示」をクリックすると、検索ボックスがアイコン化します。

063 検索エンジンをGoogleに変更する

上手なネット検索

Windows10にはMicrosoft EdgeというWebブラウザーがついてきます。Edgeの検索エンジンは、Bingが設定されていますが、Googleなど別のものに変更も可能です。使い慣れたものがいい場合には変更しましょう。

Edgeを開き、…（設定など）→「設定」をクリックし、検索ボックスに「アドレスバー」と入力・検索します。「アドレスバーで使用する検索エンジン」欄から、利用したい検索エンジンを選びます。

064 Googleを計算機として使う

上手なネット検索

計算したいけど、電卓がない！ などというときには、Googleの検索ボックスに計算式を入れると、答えがわかります。アプリの電卓もありますが、ちょっとした計算ならこれで十分でしょう。

Googleの検索ボックスに計算式を入力すると答えが表示されます。なお、掛け算の記号は「*」、割り算は「/」です。×や÷でも計算できますが、上2つの記号なら変換不要です。

065 検索ボックスで単位を換算する

上手なネット検索

42.195キロはいったい何マイルでしょう？ 答えられる人は少ないのではないでしょうか。こんな問いも、検索ボックスに元の数字と換算したい単位を入れれば、すぐにわかります。

Googleの検索ボックスに元の数字と換算したい単位を入力すると、答えが表示されます。通貨のように刻々と価値が変わる数値も換算することができます。

066
上手な
ネット検索

Googleで今日の天気を知る

天気予報はウェブサイトなどでもよく掲載されていますが、Googleで検索するほうがより早くわかるでしょう。「(地域名) 天気」と検索すれば、約1週間の予報を知らせてくれます。

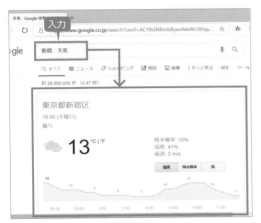

Googleの検索ボックスに「(地域名) 天気」を入力すると、検索した地域の天気予報が表示されます。

067
上手な
ネット検索

複数の語を含むサイトを検索する

ウェブサイトの検索では、自分の知りたい情報に絞りこむのがポイント。複数の語をスペースを空けて入力すれば、すべてに関連するサイトが優先的に検索されます。

「ラーメン レシピ」と2つの言葉をスペースで区切って入力し、検索。ラーメンのレシピに関するサイトが検索されました。

068
上手な
ネット検索

どちらか片方の語を含むサイトを検索する

入力したキーワードのどちらか片方を含むサイトを検索したい、という場合、キーワードの間に「or」を入力しましょう。どちらかに関連するサイトが優先的に検索されます。

「ラーメン OR パスタ レシピ」と入力し検索。ラーメンかパスタのレシピに関するサイトが検索されました。

069
上手な
ネット検索

ある語を含むサイトを検索しない

検索結果が多い場合、さらにサイトを絞り込む必要があります。そこで役立つのが「-」(マイナス)。マイナスのついた言葉のあるサイトを除外するので、目的のサイトを見つけやすくなります。

「ラーメン レシピ -醤油」と検索。醤油(ラーメン)以外のラーメンのレシピに関するサイトが検索されました。

070

上手な
ネット検索

ある語と完全に
一致するサイトを
検索する

Googleでは文章でウェブサイトを検索しても、主要な単語を抽出して検索結果を表示します。文章そのものを探したいときは、キーワードの前と後ろに「" "」(ダブルクォーテーション)を付けて検索します。

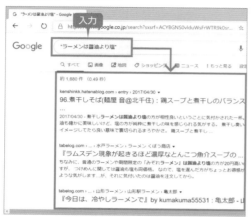

「"ラーメンは醤油より塩"」と検索すると、「ラーメンは醤油より塩」という文章を含むWebページだけが検索されました。

071

上手な
ネット検索

言葉の意味を
調べる

言葉の意味をウェブサイトで調べたい場合、言葉の後にスペースに続けて「とは」を入力するのがポイント。辞書のように、その言葉を説明するサイトが表示されやすくなります。

ここでは「家系ラーメン とは」で検索。家系ラーメンという言葉の意味を教えるサイトが表示されました。

072

PDFの作成

ファイルを
誰でも見られる
ようにする

Word・Excel・PowerPointなどで作成したファイルは、PDFで保存すると、それらのアプリをインストールしていないパソコンでも、ほぼ同じように表示できるので便利です。

ファイル保存時に「ファイルの種類」で「PDF」を選択して保存をクリックします。PDFは基本的に編集できないため、元のファイルもきちんと残しておきましょう。

073

PDF

PDFに
注釈を入れる

Adobe Acrobat Reader DCというアプリを使えば、保存したPDFにコメントや注釈を入れることができます。いつ誰がどんな言葉を入れたかもわかるため、複数人でやり取りをしてデータを作り上げるときに役立ちます。

❶画面右側で「注釈」をクリックし、❷画面上部のツールバーから利用したいツールを選んだら、❸文書内をクリック・ドラッグしてコメントや図を追加しましょう。

Word

Word
を使いこなす

インデントやフォントの書式設定を複製する◉太字や斜体、文字のサイズなどをすぐに変える◉文書の変更履歴を残すようにする◉次のページから書きはじめる◉文章から特定の単語を検索する◉文書の制作を始める前に用紙のサイズを選択する◉用紙の余白の大きさを設定する◉Wordのおせっかい機能を解除する◉スペースやタブ、改行が見えるようにする◉離れた場所にある文字を選択する◉誤入力した単語を正しいつづりに置き換える◉全角の文字を半角に変換する◉頭語や結語、時候のあいさつなどの定型文を入力する◉あやふやな文字を検索する◉ある単語の色をまとめて変更する◉文章の間違いを探し、修正する◉文字や行の数を数える◉難しい読みの漢字にフリガナを振る◉文章をすばやく中央揃え・右揃えに変える◉段落ごと字下げして表示する◉1行目の開始位置を1文字分右にずらす◉段落の折り返し位置を左側に狭める◉タブで区切った文字の位置を揃える◉段組みで長い文書をスッキリとみせる◉箇条書きに階層を作る◉箇条書きの途中で改行する◉書式を初期状態にリセットする◉タブ区切りのテキストから表を作成する◉表の見た目をざっと整える◉表の行列を追加する◉表の行列を削除する◉表のセルを結合する◉文書に画像を挿入する◉図形を作成して文書のタイトルを装飾する◉複数の図形や画像をきれいに並べる◉図形を連続して書く◉図形をグループ化する◉印刷用紙に書類の名前やページ数を入れる◉図形にアンダーラインを引く◉文字の種類や色を変える◉変換中の文字を全角英字にする◉変換中の文字にアンダーナにする◉変換中の文字を全角英字にする◉変換中の文字をひらがなにする◉変換中の文字をカタカを消去する◉©マークをすばやく入力する◉変換中の文字を半角英字にする◉変換をやめて文字ピーする◉罫線を簡単に入力する◉ハイパーリンクを削除する◉Webの文字だけをコ

Word

Wordは文章や図がメインの文書を作るためのアプリです。企画書や報告書を書くときに必須のツールです。文字の位置やサイズを細かく調整したり、表や画像と文章を組み合わせてきれいにレイアウトしたりすることを得意としています。

メインとなる画面の名称と機能を覚えよう!

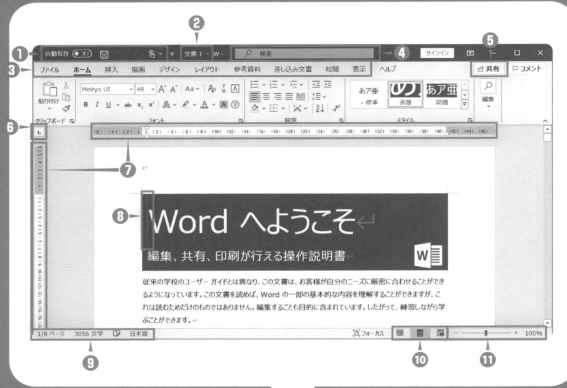

① クイックアクセスツールバー
よく利用する機能を登録しておくためのツールバーです。どの画面からでも1クリックで登録した機能を呼び出せます。

② タイトルバー
現在開いているファイルの名前が表示されます。

③ リボン
Wordの各種機能を呼び出すためのメニューです。「ファイル」「ホーム」「挿入」「描画」「デザイン」「レイアウト」「参考資料」「差し込み文書」「校閲」「表示」の10個のタブがあります。

④ 検索ボックス
キーワードを入力することで、使いたい機能を実行したり、ヘルプを確認したりすることができます。

⑤ 共有
文書をOneDriveに保存し、ほかのユーザーと共有できます。

⑥ タブセレクター
クリックすることで、ルーラーに追加するタブの種類を選択できます。

⑦ ルーラー
インデントを設定する際の基準となる目盛り。横のルーラーを水平ルーラー、縦のルーラーを垂直ルーラーといいます。

⑧ カーソル
文字を入力する位置を表します。Wordの白い範囲をクリックするか、キーボードのカーソルキーを押すことで移動できます。

⑨ ステータスバー
文字数やページ数など、編集の文書に関するさまざまな情報が表示されます。

⑩ 画面モード
編集画面の表示を「印刷モード」「印刷レイアウト」「Webレイアウト」の3つから選択できます。

⑪ 表示倍率・ズームバー
編集画面の表示倍率を調整できます。

インデント
Wordでは頻繁に「インデント」という言葉が出てきます。インデントとは、特定の段落だけ文章が始まる位置や折り返しの位置を変更できる機能のことです。「字下げ」ともいいます。

タブ
Wordなどのワープロソフトで、事前に設定した位置まで文字を移動する機能のことを「タブ」といいます。ウェブブラウザーで使う「タブ」とは意味が違うので注意しましょう。

074

超重要

書式のコピー

インデントやフォントの書式設定を複製する

インデントやフォントの設定を変更したあと、同じ設定をほかの行にも反映したいと思っても、同じ設定を一から操作するのは面倒ですよね。このようなときは「書式のコピー」機能で書式だけ複製しましょう。文章の体裁を都度設定するよりも簡単に、似たような体裁の文書を作ることができます。

1 コピー元の行を選択する

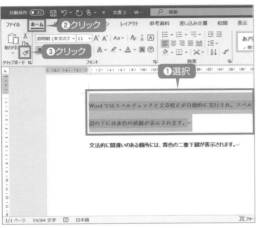

❶書式を複製したい行を選択します。❷リボンの「ホーム」タブをクリックし、「クリップボード」にある❸ 🖌 をクリックします。これで、書式がコピーされます。

2 コピー先の行を選択する

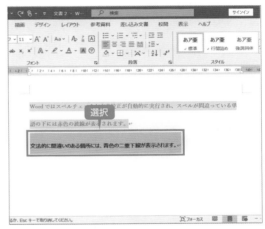

書式を反映したい行を選択します。このとき、カーソルは「書式のコピー・貼り付け」のアイコンになっていることを確認して選択しましょう。

3 コピーした書式が設定される

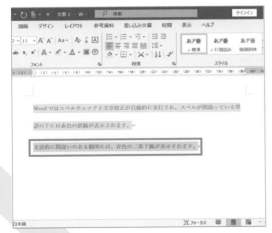

コピーした書式が、選択した行に貼り付けられます。これでコピー元と同じ体裁になりました。フォントの大きさや色などはもちろん、インデントなどの書式も反映されます。

4 体裁を整える

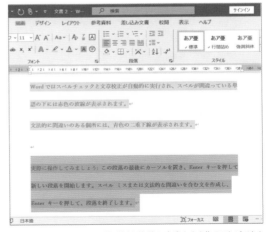

手順1〜3の活用で、見た目が似た体裁の文書をすぐ作ることができます。コピーした書式だけが反映され、文字の上書きはされません。

Wordを使いこなす

文字の装飾の方法は、次ページのテク075で紹介しています。

075
超重要

文字の装飾

太字や斜体、文字のサイズをすぐに整える

太字・斜体の設定や文字のサイズの変更といった書式変更は、「ホーム」タブの「フォント」で行います。しかし、1つ1つマウスで設定するのは手間がかかります。これらの操作のショートカットキーを覚えれば、マウスに手を伸ばすことなく設定を変更して、ストレスなく入力できるでしょう。

1 文字を太字にする

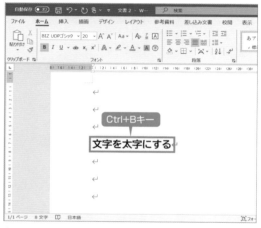

太字にしたい文字を選択したあとに「Ctrl+B」キーを押すと、選択した文字を太字にできます。再度文字を選択し、同じキーをもう一度押すと元の字に戻ります。

2 文字を斜体にする

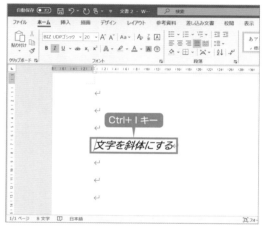

斜体にしたい文字を選択したあとに「Ctrl+I」キーを押すと、文字を斜体にできます。再度文字を選択し、同じキーをもう一度押すと元の字に戻ります。

3 文字を拡大する

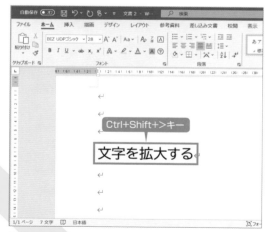

拡大したい文字を選択したあとに「Ctrl+Shift+>」キーを押すと、文字を拡大できます。同じキーを押すごとに文字は拡大されます。

4 文字を縮小する

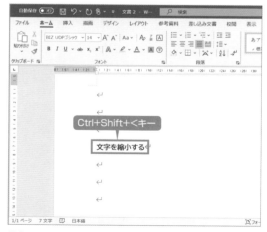

縮小したい文字を選択したあとに「Ctrl+Shift+<」キーを押すと、文字を縮小できます。同じキーを押すごとに、文字は縮小されます。

範囲を指定してからそれぞれのキーを押しましょう！

076

超重要

文書修正の
やり取り

文書の変更履歴を
残すようにする

複数人で文書の修正のやり取りをすると、どこをどう直したのかわからなくなってしまいます。
文書の変更履歴を残すようにすれば、文章を入力・削除したところやコメントなどを残せます。
また、その変更を実際に反映するかしないかを、ボタン1つで決めることができます。

1 「変更履歴の記録」をクリックする

リボンの❶「校閲」タブをクリックします。続いて、「コメント」にある❷「変
更履歴」→❸「変更履歴の記録」をクリックしましょう。変更履歴を入力
できるモードになります。

2 文字を追加する

文章上に文字を追加すると、変更した行の左側に赤い縦線が表示さ
れます。線をクリックすると、追加した文字が下線付きの赤字表示にな
ります。

3 文字を削除する

文字を削除すると、削除した箇所に打ち消し線が入ります。文章の右
側に削除した文字が表示され、削除を行ったユーザーの名前も一緒に
表示されます。

4 コメントを追加する

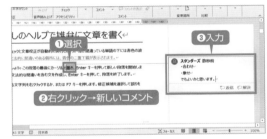

❶コメントを残したい文字を選択し、❷マウスを右クリック→「新しいコメ
ント」をクリックします。文章の右側に表示されたコメント欄に、❸コメント
が入力できます。

5 変更を反映する

これまでの変更を反映するときは、「校閲」タブの「変更箇所」にある
「承諾」、反映しないときは「元に戻して次へ進む」をクリックします。

> 「変更履歴の記録」をクリック
> し、「変更内容の表示」をク
> リックすると、コメントの表示
> ／非表示を変更できます。

Wordを使いこなす

077

超重要

次のページから
書きはじめる

改ページ

ひとつの文章を書き終えたあと、次の文章を区切りよく次のページから書くために改行をたくさん入れていませんか。この方法だと、後で修正を加えたときに、位置がずれてしまうことがあります。改ページを使うと、後から修正してもページがずれず、次の文章もスムーズに書きはじめられます。

1 通常の改行を入力した場合

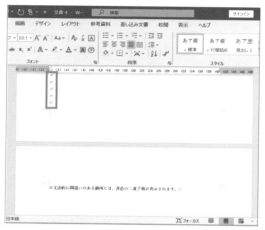

前ページに文章を書き終え、次ページから新しい文章を書くとします。このとき、行頭を次のページにするために、空白にする行数分の改行を入れてみましょう。

2 修正するとページにずれが発生する

この状態で、前ページの文章を修正してみます。文字の数が減ってしまった分、次のページに書いた内容が前ページにずれてしまい、見にくくなってしまいました。

3 改ページを入力する

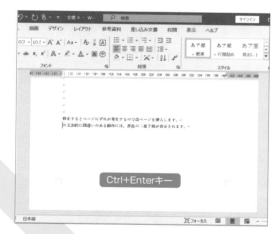

手順2のようにページがずれる事態を防ぐため、改ページを挿入しましょう。改ページを挿入したいところにカーソルを合わせて、「Ctrl+Enter」キーを押します。

4 修正しても改ページに影響しない

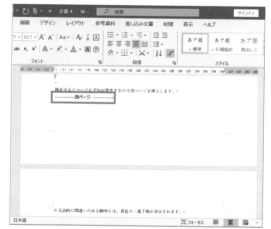

改ページが挿入されました。この状態だと、改ページ前の文章を修正しても、次ページの内容は前後にずれません。なお、ここではわかりやすいように改ページを表示していますが、改ページは初期設定では表示されません。

「改ページ」などの編集記号を表示するには、P.058のテク082を参照してください。

078

超重要

単語の検索

文章から特定の
単語を検索する

目的の情報を探すために、長い文章の最初から目を凝らして読むのは、骨が折れますし非効率的です。その内容に関する単語を思い浮かべて、ファイル内を検索してみましょう。Wordは該当する単語がいくつあるかを調べ、たった1文字でも知らせてくれます。目的の情報も見つかりやすくなるでしょう。

1 「検索」をクリックする

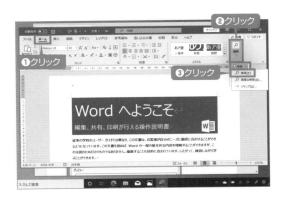

検索したいファイルを開きます。❶「ホーム」タブにある❷「編集」→❸「検索」→「検索」をクリックして、ナビゲーションウィンドウを表示します。

2 単語を入力する

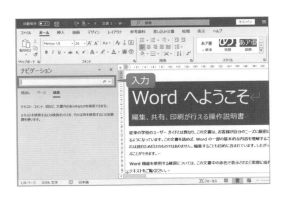

文書の左側にナビゲーションウィンドウが表示されます。「文章の検索」欄をクリックして、検索したい単語を入力しましょう。

3 検索された単語を確認する

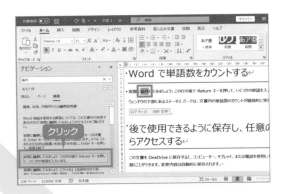

文書の検索が行われます。入力した単語と一致する単語が黄色く強調表示されます。ナビゲーションウィンドウ内の文章をクリックすると、その単語がファイルのどこにあるのかがわかります。

4 オプションを設定して検索する

手順1で「検索」欄の右にある∨→「高度な検索」をクリックすると、このダイアログボックスが開きます。「オプション」をクリックし、中の設定を変更することで、さらに細かな条件で検索をすることができます。

オプションの便利な使い方は、P.061のテク087で紹介しています。

079

（超重要）

文書の制作を始める前に
用紙のサイズを選択する

用紙
サイズ選択

文書を作るときは、まずは印刷時の用紙サイズを決めておきましょう。一般的にはA4を用いますが、官公庁などではB5サイズを求められることもあります。なお、Wordの初期設定ではA4が選択されています。

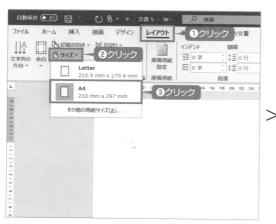

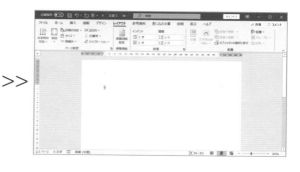

❶リボンの「レイアウト」タブをクリックします。「ページ設定」グループの❷「サイズ」をクリックし、表示されたメニューから❸用紙サイズを選択します。

選択した用紙サイズに変更されます。選択できるサイズについては、「ファイル」タブの「印刷」→「プリンター」に表示されているプリンターによって異なります。

080

用紙の余白の
大きさを設定する

余白の設定

印刷用紙を選択すると、印刷できないフチ部分「余白」が設定されます。これもあとから変更すると、ページの調整などが大変なので、最初に変更しておきましょう。少し狭めにするのがおすすめです。

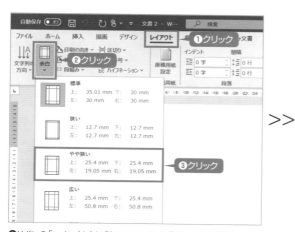

❶リボンの「レイアウト」タブをクリックします。「ページ設定」グループの❷「余白」をクリックし、❸余白のサイズを選択します。

選択した余白のサイズに変更されます。手順1で「ユーザー設定の余白」をクリックすれば、好きな余白の大きさを設定することもできます。

081

初期設定

Wordのおせっかい機能を解除する

文頭のアルファベットを自動で大文字にしたり、箇条書きに変更したり……。Wordにはこうしたユーザーを助ける便利な機能が搭載されています。ただし、これがときには余計なお世話になることも。この機能がおせっかいだと感じるなら、「オートコレクトのオプション」から解除することも可能です。

1 リボンの「ファイル」をクリックする

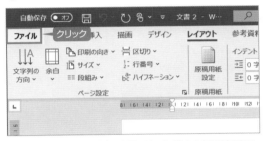

入力オートフォーマットの設定を変更しましょう。設定の変更を行うには、まずリボンの「ファイル」をクリックします。

2 「オプション」を開く

「情報」の画面が表示されたら、右側のメニューの下側にある「オプション」をクリックします。

3 オートコレクトのオプションを表示する

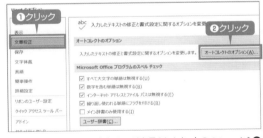

「オプション」のダイアログボックスが表示されます。左のメニューから❶「文章校正」をクリックし、続けて❷「オートコレクトのオプション」をクリックします。

4 大文字と小文字の自動変換の機能をオフにする

「オートコレクト」タブを表示し、一番上以外のチェックボックスをすべて外します。これで、大文字や小文字に自動で変換する機能をオフにできます。

5 行頭の箇条書きの機能をオフにする

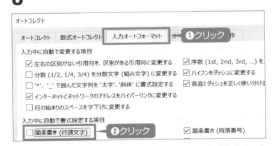

続いて、❶「入力オートフォーマット」タブをクリックします。「入力中に自動で書式設定する項目」グループにある❷「箇条書き（行頭文字）」をクリックしてチェックを外します。

6 段落番号の箇条書きの機能をオフにする

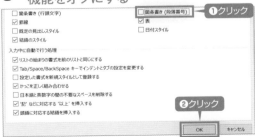

同じ画面にある❶「箇条書き（段落番号）」をクリックしてチェックを外します。最後に、❷「OK」をクリックすると、勝手に箇条書きになる機能をオフにできます。

082

超重要

スペースやタブが
見えるようにする

制御文字の
表示

スペースやタブといった、紙面には実際に表示されない文字のことを「編集記号」と言います。実はこれらの編集記号、Word上なら表示させることができます。初期設定では表示されていませんが、ワンクリックですぐ表示できます。

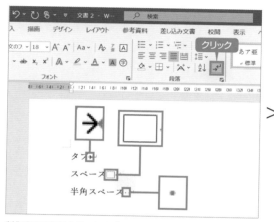

制御文字を表示するには、まずリボンの「ホーム」タブをクリックします。続いて、「段落」グループにある ↵ をクリックすると改行やスペースなどの編集記号が表示されるようになりました。

常に表示させる記号は、「ファイル」タブの「オプション」→「表示」から設定することができます。

083

離れた場所にある
文字を選択する

文字の
選択

文書の見出しを1つ1つサイズや色を変更していくのは面倒なもの。「Ctrl」キーを押しながらドラッグすれば、離れた場所にある文字や段落を選択できるので、まとめて書式を変更することができます。

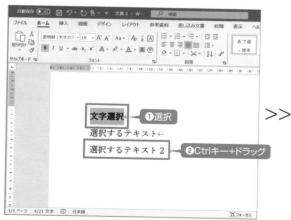

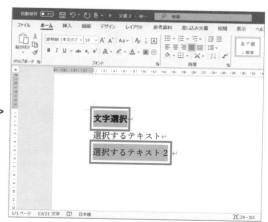

まず、❶1つ目のテキストを選択します。続けて、❷「Ctrl」キーを押しながら、離れた場所にある選択したいテキストをドラッグしましょう。

これで、離れた場所にあるテキストが選択できました。あとは、フォントや文字の大きさ、文字の色などの書式を設定すれば、同じものが反映されます。

084

誤入力した単語を
正しいつづりに置き換える

単語の置換

間違えた英単語のつづりを直したり、英字の表記をカタカナに変更したいとき、1つ1つ自分の目で探して入力し直すのはとても大変です。Wordの置換機能を使えば、一瞬で用語の変換が完了します。

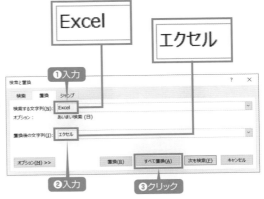

リボンの「ホーム」タブをクリック。続いて、❶「編集」をクリックします。検索のメニューが表示されるので、❷「置換」をクリックします。

❶「検索する文字列」に変更したい語句を、❷「置換後の文字列」に変換後の語句を入力し、❸「すべて置換」をクリックすると、該当する単語が一発で置換されます。

085

全角の文字を
半角に変換する

文字の変換

英数字の全角・半角の違いは気付きにくいもの。ひととおり全角で入力し終わったあとに、「半角にして」なんて指示されると大変そうです。しかし、「文字種の変換」を使うと実は手軽に半角に変換可能です。

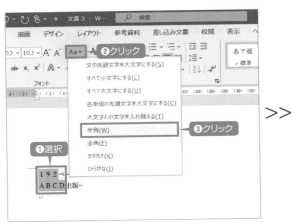

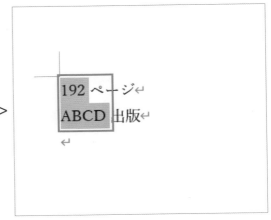

すでに入力した文字を変換するには、❶変換したい文字を選択し、❷ Aa ▾ をクリックします。続いて、メニューから❸「半角」をクリックします。

選択した文字が、半角に変換されます。数字とアルファベットのいずれも同時に変換できるので、P.058のテク083を参考に、変換したい文字をまとめて選択してOKです。

086

初期設定

頭語や結語、時候の
あいさつを入力する

「拝啓・敬具」といった頭語や結語、「早春の候…」といった時候の挨拶は、ビジネス文書でよく使う定型句です。Wordでは、これを簡単に入力できます。頭語は入力するだけで自動的に結語が表示されます。また時候の挨拶は月別に用意されているので、一年中いつでも対応できます。

1 頭語を入力する

まずは、頭語を入力しましょう。Wordでは、拝啓、謹啓、前略など、一般的な頭語にはおおよそ対応しています。

2 結語が表示される

頭語を入力すると、次の行に対応する結語が自動で表示されます。結語は右揃えで表示されるので、特に書式を設定する必要はありません。

3 時候のあいさつを挿入する

続けて時候のあいさつを挿入します。リボンの❶「挿入」タブをクリックします。続いて、❷「あいさつ文」→❸「あいさつ文の挿入」をクリックします。

4 あいさつ文を選択する

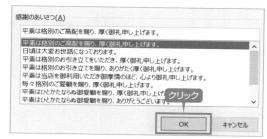

「あいさつ文」のダイアログボックスが表示されます。メニューから利用するあいさつ文を選択し、「OK」をクリックします。現在の月を入力すると、時期にあったあいさつを表示できます。

5 あいさつ文が挿入される

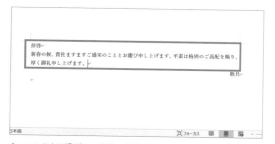

カーソルのある場所に、手順4で選択したあいさつ文が挿入できました。引き続き、文章の作成を行いましょう。

現在の月を入力するだけで、季節にあったあいさつ文をすぐに選択できます。

087

あやふやな文字を検索する

「第○回」や「20XX 年」といった、○や×の部分が違っている似た表記をまとめて消したいときには、置換機能でワイルドカードという文字を使います。ワイルドカードの「?」は任意の1文字を表す特殊な文字です。この場所に何の文字が入っても検索対象になるので、一部分だけ違う単語を一気に検索することができるのです。

1 削除したい箇所を確認する

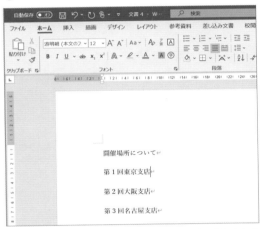

一部分だけ違う単語も、ワイルドカードを使うことで一度に検索することができます。ここでは、「第○回」という部分をまとめて検索し、削除します。

2 「置換」をクリックする

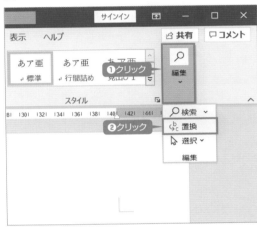

リボンの「ホーム」タブをクリックします。続いて、①「編集」をクリックして、表示されたメニューから②「置換」をクリックします。

3 ワイルドカードを入力する

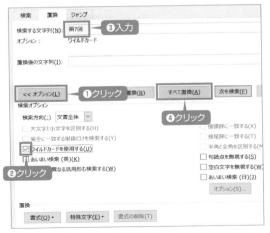

❶「オプション」をクリックし、❷「ワイルドカードを使用する」をオンにします。❸「検索する文字列」に「第?回」と入力します。最後に、❹「すべて置換」をクリックします。

4 まとめて削除する

「第○回」という部分がまとめて削除されました。ひとつひとつにカーソルを合わせて削除するよりも、ワイルドカードを使って一度に置換したほうが、より早く削除できます。

たとえば「第10回」のように、数字の桁が増えることもあるなら、?の代わりに*(アスタリスク)を使いましょう！

088 ある単語の色を まとめて変更する

置換機能の
応用

Wordの置換機能は、置換時に書式を設定することもできます。検索文字列と置換文字列を同じにした状態で、置換時の書式だけを設定すれば、たとえば文字の色だけを置換する、ということができるのです。また、通常設定するような太字や下線、文字の大きさなどの書式も反映することができます。

1 「検索する文字列」と「置換後の文字列」に同じ語句を入力する

P.061のテク87を参考に「検索と置換」ダイアログボックスを表示します。❶「検索する文字列」と❷「置換後の文字列」に同じ語句を入力し、❸「オプション」をクリックします。

2 オプションで「フォント」を設定する

オプション画面が下部に表示されます。「置換」グループにある❶「書式」をクリックし、表示されたメニューから❷「フォント」をクリックします。

3 フォントの色を指定する

❶「フォントの色」で任意の色を選択し、下部の❷「OK」をクリックします。すると、手順1の「検索と置換」ダイアログボックスに戻ります。

4 すべて置換する

「置換後の文字列」にフォントの色が設定されたことを確認しましょう。設定が完了したら、最後に「すべて置換」をクリックします。

5 書式が置換される

>>

置換した文字が、すべて設定したフォントの色に設定されます。文字の大きさや太字、下線など、さまざまな書式を一度に反映することができます。

089

超重要

文章の校正

文章の間違いを探し、修正する

作成した文章に文字の間違いがあると、それだけで質が低いとみなされますし、信用を失うことにもなりかねません。Wordの校正機能を使うと、明らかな誤字脱字やスペルミス、ら抜き言葉のような表現上の問題などを指摘してくれます。これを修正するだけで、文章の品質が保てるでしょう。

1 文書上の間違いと思われる文字の上を右クリックする

文書上に間違いと思われる文字があると、自動的に図のような波線でその箇所が表示されます。表示された文字の上を右クリックします。

2 修正候補から正しい修正候補を選んでクリックする

修正候補が表示されます。内容を確認し、正しい修正候補があったら、クリックします。すると、その内容通りに文字が修正されます。

3 手動で文書全体を校正するときは「校閲」タブをクリックする

手動で文書全体を校正したいときは、リボンの❶「校閲」タブをクリック。「文章校正」グループの「スペルチェックと文書校正」をクリックしましょう。

4 修正候補の一覧の中に表示された修正候補をクリックする

間違いと思われるところが表示されます。修正候補の一覧の中に表示された修正候補をクリックすると、クリックした言葉に修正されます。修正しない場合はリストの「無視」をクリックします。

5 「文章の校正が完了しました」というダイアログボックスが表示される

文章すべての確認が終了すると、「文章の校正が完了しました」という内容のダイアログボックスが表示されます。「OK」をクリックして終了しましょう。

誤字脱字やスペルミス、ら抜き言葉まで検索してくれます。

Wordを使いこなす

63

090

文字カウント

文字や行の数を数える

レポートや課題などで、文字数に制限があることがあります。こんなとき、「文字カウント」ボタンを押すと文書内のページ数・文字数・段落数・行数などをカウントできます。あらかじめ文章の一部分を範囲選択してから押すと、その範囲の文字数や行数だけをカウントできます。

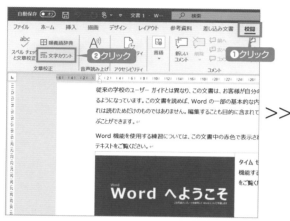 >>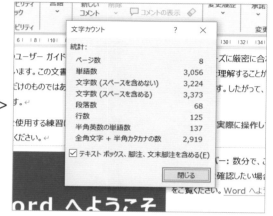

文章全体の文字数を数えます。まず、リボンの❶「校閲」タブをクリックします。次に、「文章校正」グループの❷「文字カウント」をクリックします。

「文字カウント」ダイアログボックスが表示されました。文字数や行数などの詳細を確認できます。なお、Wordのウィンドウ左下にある「○/○文字」をクリックしても表示できます。

091

漢字のふりがな

難しい読みの漢字にふりがなを振る

難しい地名や人名、間違えやすい漢字などには、ふりがな（ルビ）を振っておくと親切です。Wordでは、ルビのダイアログボックスで読み方を入力するだけで簡単にふりがなを振ることができます。

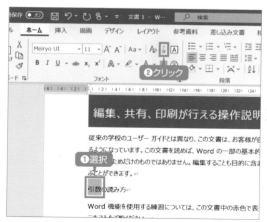 >>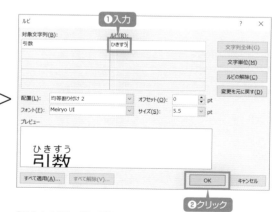

最初に、❶ふりがなを振りたい漢字を選択しておきましょう。リボンの「ホーム」タブをクリックし、❷「ルビ」をクリックします。

「対象文字列」の欄に選択した漢字が表示されています。その隣の「ルビ」欄に❶ふりがなを入力し、❷「OK」をクリックすると、漢字の上に入力したふりがなが表示されます。

092

文章をすばやく中央揃え・右揃えにする

文字揃えの変更

一般的に、Wordは左揃えで文章を書きますが、「ホーム」タブの「段落」では、段落ごとに文字の揃え方を変更できます。このうち、比較的よく使うと思われる「中央揃え」と「右揃え」はショートカットで覚えてしまいましょう。ここでは、「左揃え」にする方法も合わせて紹介します。

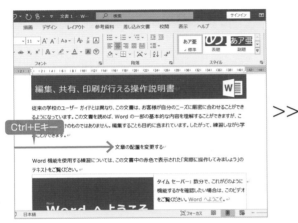 >>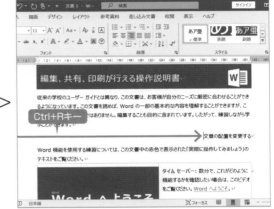

まずは中央揃えに設定しましょう。段落を設定したい行にカーソルを動かし、「Ctrl+E」キーを押します。すると、カーソルのある段落の文字が中央揃えに変更されます。

次に、「Ctrl+R」キーを押すと、カーソルのある段落の文字が右揃えに変更されます。なお、左揃えに戻すときには、「Ctrl+L」キーを押しましょう。

093

段落ごと字下げして表示する

インデントの設定

段落の先頭の位置を変更したい場合は、ルーラーで左インデントの位置を変更します。左インデントは字下げと違い、設定すると2行目以降のテキストも1行目と同じ位置に移動します。

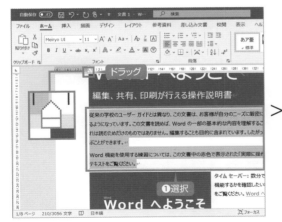 >>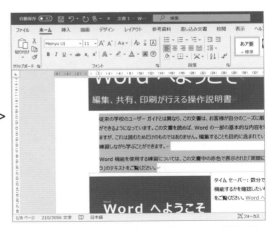

段落ごと字下げするには、まず❶位置を変更したい段落を選択します。次に、❷ルーラーの下側にある（左インデント）を右にドラッグします。

右にドラッグした分だけ、文章の開始位置が段落ごと右に移動します。ルーラーが表示されていない場合は、「表示」タブからチェックを入れましょう。

094

字下げ
インデント

1行目の開始位置を 1文字分右にずらす

文章を書くとき、1文字目に段落のための全角スペースを入力するのが面倒なときもあるでしょう。段落に字下げインデントを設定すれば、改行したときに自動で1文字分字下げされた状態で入力が始められます。

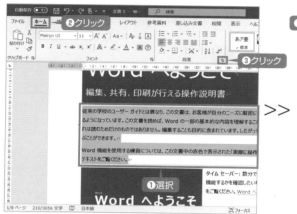

入力後の文章に字下げを設定します。❶字下げしたい文章を選択し、リボンの❷「ホーム」タブをクリック。次に、❸「段落」グループの 🔲 をクリックします。

「段落」ダイアログボックスが表示されます。❶「インデントと行間隔」タブをクリックして開き、❷「最初の行」で「字下げ」を選択して、❸「OK」をクリックします。

095

右インデント

段落の折り返し位置を 左側に狭める

文章の一部分だけ右端を狭めて折り返し位置を調整したいときは、「右インデント」を設定します。左インデント（テク093参照）とは逆にルーラーの右側にある △ をドラッグして位置を決めます。

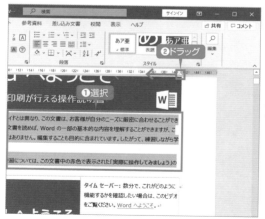

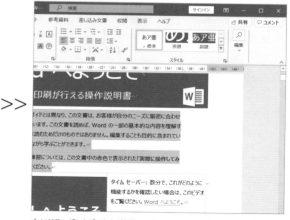

段落の折り返し位置を狭めます。まず、❶折り返し位置を狭めたい段落を選択しておきます。次に、❷ルーラーの右側にある △ を左側にドラッグします。

左にドラッグした分だけ、選択した文章のみ折り返し位置が左側に狭まります。

096

タブで区切った
文字の位置を揃える

タブ
インデント

タブを挿入すると、次の文字が特定の位置まで移動します。しかし左側の文字数が不統一だと、移動する位置がずれて見苦しくなります。このような場合はタブインデントを使って、文字の位置を揃えましょう。左側の「タブセレクター」から、任意の設定で文字の位置を揃えることができます。

1 タブインデントで文字の位置を揃える

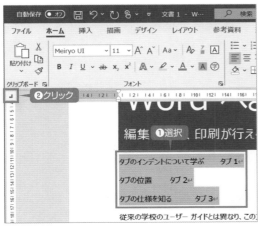

まずは❶タブインデントを設定したい段落を選択します。次に、❷ルーラーの左欄のボックスをクリックして、アイコンを「└」に切り替えます。

2 タブインデントが追加される

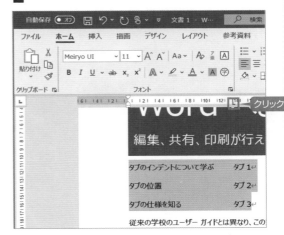

ルーラーの下のグレー部分をクリックすると、その場所にタブインデントが追加され、タブインデントに合わせて段落の文字の位置が揃います。

「タブセレクター」で、文字の位置をきれいに揃えましょう。

Wordを使いこなす

Tips

タブインデントには上で紹介した左揃えのほか、中央揃えと右揃えの3種類があります。

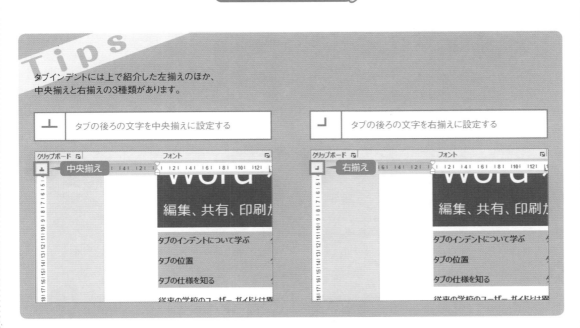

| ⊥ タブの後ろの文字を中央揃えに設定する | ⌐ タブの後ろの文字を右揃えに設定する |

097

超重要

段組みの設定

段組みで長い文章を
すっきり見せる

文字や図を2段以上にわけて配置することを段組みといいます。文章が長い場合、段組みにすると文章が読みやすくなることがあります。Wordの段組み機能を使えば、新聞のように複数の段に分けた文書を作ることができます。さらに、段組みの詳細設定から、段の数や段ごとの間隔なども調整できます。

1 段組みの種類を選択する

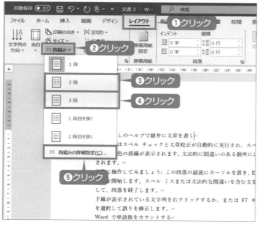

❶「レイアウト」タブをクリックして表示し、❷「段組み」をクリックすると、主な段組みの種類が表示されます。ここからそれぞれの段組みに設定することができます。

2 2段の段組みを設定する

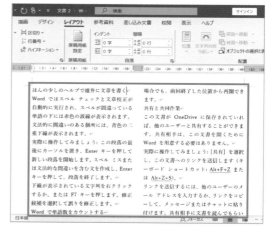

手順1で❸「2段」をクリックしてみましょう。このように、1ページの本文が、2段に区切られて表示されます。左から右に向かって読むことができます。

3 3段の段組みを設定する

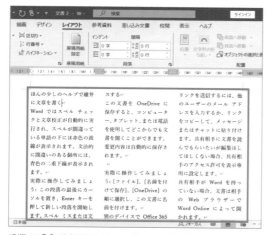

手順1で❹「3段」をクリックしてみましょう。1段の文字数がさらに少なくなり、本文が3段に区切られて表示されます。「1段」を選択すると、最初の表示に戻すことができます。

4 詳細を設定する

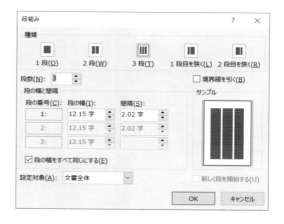

手順1で❺「段組みの詳細設定」をクリックすると、詳細を設定できます。「段の幅」で段ごとの文字数、「間隔」で段の間の余白のサイズを変更できます。

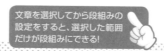
文章を選択してから段組みの設定をすると、選択した範囲だけが段組みにできる!

098

箇条書き

箇条書きに階層を作る

箇条書きは行頭でTabキーを押すことで、階層のある箇条書きにできます。箇条書きの構造を見やすく、わかりやすく示すことができます。会社の組織図などを作成する際にも役立ちます。

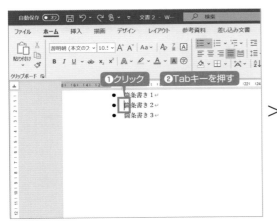

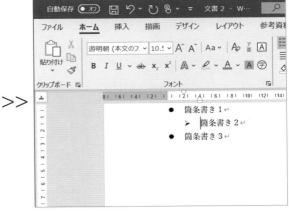

まずは、箇条書きで文章を作成しましょう。そして❶階層化したい行の行頭にカーソルを移動します。続いて、❷Tabキーを押しましょう。

箇条書きが階層化され、適当な位置に行頭が移動しました。さらに、行頭文字も変わっているので箇条書きがわかりやすくなりました。ここから、さらに階層を追加することもできます。

099

箇条書き

箇条書きの途中で改行する

箇条書きの途中で文章を改行すると、改行したところにも行頭文字が表示されてしまいます。このようなときはShift+Enterキーを押せば、行頭文字を表示せず改行することができます。

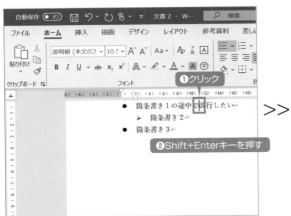

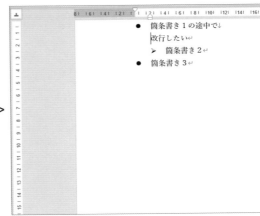

箇条書きにされている文章で操作します。まずは❶改行したい位置にカーソルを移動しましょう。続けて、❷「Shift+Enter」キーを押します。

カーソルの位置で、強制的に改行されます。行頭文字も設定されておらず、さらに階層の位置に合わせて改行されるので、読みやすい文章になります。

100

書式を初期状態にリセットする

書式のリセット

インデントやフォントの色の設定などを取りやめたいとき、ひとつひとつ手作業で直していくのは面倒です。「すべての書式をクリア」ボタンを使えば、クリック一回で書式をまとめて解除できます。

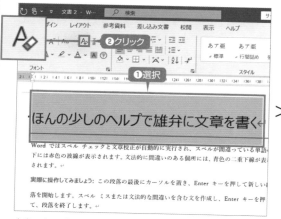

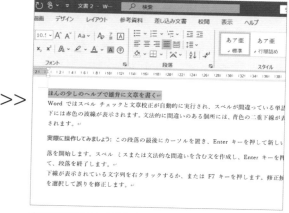

文章の中で、❶書式を解除したい文字を選択します。続いて、❷リボンの「ホーム」タブをクリックし、「すべての書式をクリア」ボタンをクリックしましょう。

文章に設定されていた書式がすべて解除され、初期状態にリセットされます。

101

タブ区切りのテキストから表を作成する

表の作成

Excelの専売特許と思われがちな表ですが、Word 上でも作成できます。あらかじめ枠を作ることもできますが、ここではより手軽に利用できる、タブ区切りのテキストを表に作り替える方法を紹介します。

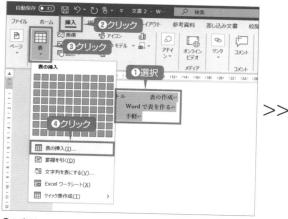

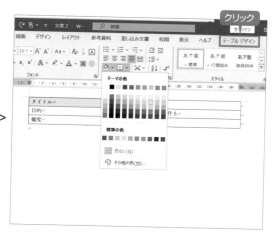

❶タブ区切りのテキスト（表にしたい要素をタブと改行でわけて記したテキスト）を選択し、❷リボンの「挿入」→❸「表」→❹「表の挿入」をクリックします。

テキストが表に変換されます。枠線をドラッグしてサイズを調整したり、「テーブルデザイン」タブでセルの色を変えたりして、見やすく調整しましょう。

102

超重要

表の作成

表の見た目を
さっと整える

資料に添付する表は、データの内容や正確さが大切です。しかし、罫線だけの表では味気ない
ですし、見にくいでしょう。こんなときは、表のスタイルの中からデザインを選択するだけで、
表の見た目をさっと整えることができます。個別にデザインを調整するよりもずっと手軽です。

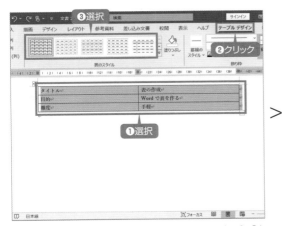

>>

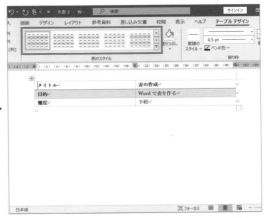

❶デザインを変更したい表を選択し、❷「テーブルデザイン」タブの「表
のスタイル」の中から❸デザインを選択すると、表がそのデザインに変わ
ります。

セルの色だけでなく、フォントや罫線の種類も自動で設定されるデザイン
もあります。

103

表の作成

表の行列を
追加する

表を作成中、新たに行や列が必要になった場合は適宜追加しましょう。Wordでは「表ツール」
の「レイアウト」タブに行や列の追加のメニューがありますが、表の行間や列間にマウスのポイ
ンタを合わせることでも追加できます。より直感的に目的に合った表を作れるでしょう。

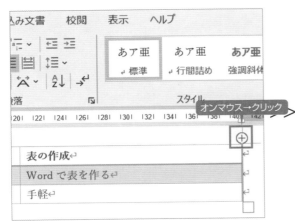

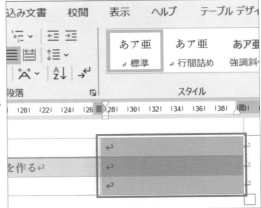

列を追加したいところ（ここでは、表の作成の列の右）の上端にマウス
のポインタを合わせます。画面上に「＋」の記号が表示されるので、これ
クリックします。

列が追加されます。なお、行を追加したい場合は、行を追加したいところ
の左端にマウスのポインタを合わせて、同じように表示された「＋」の記
号をクリックしましょう。

104
表の行列を削除する

表の作成

テク103とは逆に、表の行や列がいらなくなった場合は削除しましょう。削除したい行または列を選択し、右クリックメニューで削除するのが基本ですが、Backspaceキーでも削除できます。

>>

表の中で、❶削除したい列全体を選択します。次に、❷マウスを右クリック。表示されたメニューの中から、❸「列の削除」をクリックしましょう。

選択した列が削除されました。なお、前の手順の❷・❸の操作の代わりに、「Backspace」キーを押しても同様に削除できます。操作の短縮になるので、ぜひ使ってみましょう。

105
表のセルを結合する

表の作成

表内のセルを結合すると、複数のセルが1つの大きなセルになります。結合後のセルにも他のセルと同様に文字を入れられるので、たとえば表全体にかかる見出しなどを入れるのに役立ちます。

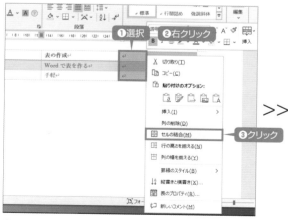

>>

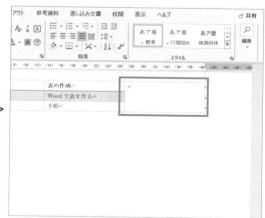

❶結合したいセルをマウスで選択します。次に、❷マウスを右クリックします。表示されたメニューの中から、❸「セルの結合」をクリックします。

選択したセルが結合し、1つの大きなセルになりました。通常のセルと同様、結合したセルにも文字を入力することができます。複数の行にかかる見出しなどを作成したいときに便利です。

106 文書に画像を挿入する

超重要

画像の挿入

会社のロゴや商品の画像などを文書に追加すると、コンテンツの充実度が増し、説得力も高まります。ここではパソコン内の画像を挿入し、きれいにレイアウトするテクニックを紹介します。画像を行の中に挿入したり、背面に設定し画像の上に文章を表示させるなど、配置について細かく設定できます。

1 画像の挿入を選択する

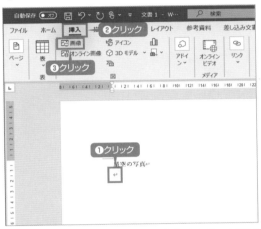

まず、❶画像を挿入したい位置にカーソルを移動します。続いて、❷リボンの「挿入」タブをクリック。❸「図」にある「画像」をクリックします。

2 挿入したい画像を選択する

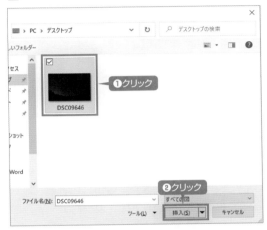

「図の挿入」画面が表示されます。❶挿入したい画像のある場所を表示し、挿入する画像をクリックします。続いて、❷「挿入」をクリックしましょう。

3 画像が挿入される

カーソルの位置に画像が挿入されました。画像の周りにある「○」をそれぞれドラッグすると、画像のサイズを調整することができます。

4 折り返しについて設定する

画像にテキストや表などを回り込ませたいときは、❶ をクリックして「文字列の折り返し」メニューを表示します。❷ をクリックし、画像をドラッグして位置を調整しましょう。

Wordを使いこなす

107

図形を作成して
文書のタイトルを装飾する

図形の作成

文書のタイトル周りがさみしいときは、図形で装飾すると効果的です。ただし過剰な装飾は文書をポップな雰囲気にしてしまうので注意しましょう。ここでは図形を作成し、テキストの背面に移動する技を紹介します。「挿入」タブにある「図形」をクリックすると、さまざまな図形が表示されます。大きさも自由に変えられるので、タイトルを効果的に装飾しましょう。

1 図形を選択する

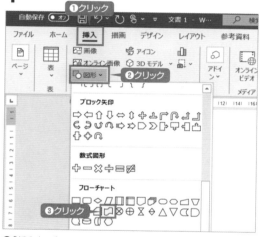

❶「挿入」タブをクリックし、❷「図」の「図形」をクリックします。❸メニューから、作成したい図形（ここでは ▱ をクリックして選択します）。

2 図形を挿入する

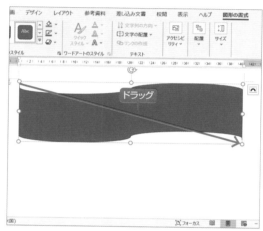

続いて、図形を作成したいところでマウスをドラッグすると、その大きさで図形が作成できます（ここでは題名の上に作成しています）。

3 テキストの背面に移動する

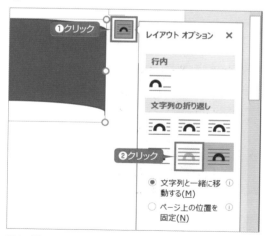

題名が見えないので、テキストの背面に図形を移動しましょう。図形の横に表示された❶ ▱ をクリックし、次に❷ ▱ をクリックします。

4 書式を調整する

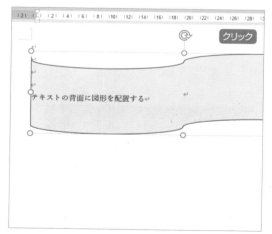

図形がテキストの背面に移動し、題名が見えるようになりました。あとは、「図形の書式」タブをクリックし、色やデザインなどを変えて好みの形を作りましょう。

複数の図形や画像をきれいに並べる

図形を複数使って図を作るとき、マウスのドラッグで配置すると、上下左右がきれいに揃わないことがあります。「図形の書式」タブの「配置」を利用すれば、上下左右を機械的に揃えることができます。少しクセのある機能ですが、これを使えば図形をぴったり並べられ、図もかっこよく仕上がります。

1 上側の配置を揃える

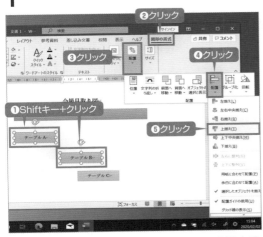

イベントの見取図を作る例です。テーブルA・BをShiftキーを押しながらクリックし、❷「図形の書式」タブの❸「配置」→❹「配置」→❺「上揃え」をクリックします。

2 上揃えが適用された

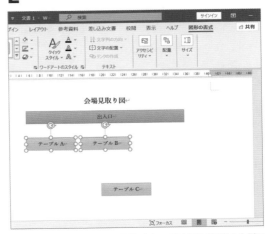

上揃えの場合、複数選択した図形のうち、一番上にある図形の上側に、他の図形の上側が揃います。ここでは、テーブルAの上側にテーブルBの上側が揃えられました。

3 側面の配置を整える

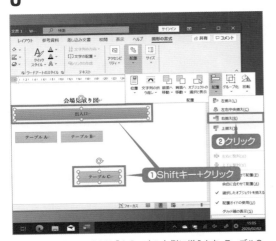

続けて、テーブルCの右側を「出入口」の右側に揃えます。テーブルC・出入口を❶Shiftキーを押しながらクリックし、「図形の書式」タブの「配置」→「配置」→❷「右揃え」をクリックします。

4 右揃えが適用された

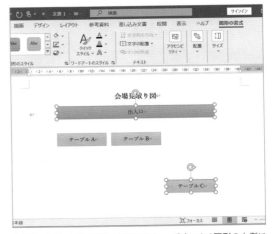

右揃えの場合、複数選択した図形のうち、一番右にある図形の右側に、他の図形の右側が揃います。ここでは、出入口の右側にテーブルCの右側が揃えられました。

自分の手で動かすよりも、早くきれいに揃えられます!

109

何度も連続して描く

図形の作成

同じ形の図形を何度も描くとき、サイズも同じでよければコピー・貼り付けでいいのですが、サイズだけを変えたい場合は、マウスで連続して描けると便利です。「挿入」タブの「図形」の一覧から図形を選ぶと、選んだ図形をドラッグでいくつも描けるようになります。

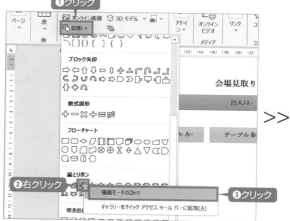

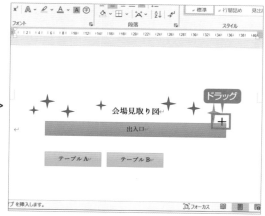

「挿入」タブをクリックし、❶「図形」をクリックします。表示された図形の中から描きたい図形を❷右クリックし、❸「描画モードのロック」をクリックします。

選択した図形の描画モードになり、マウスポインタの形が十字に変わります。この状態でマウスをドラッグすれば、次々に同じ形の図形を描けます。

110
（超重要）

複数の図形をグループ化する

図形の作成

図形をきれいに配置した図を作っても、図を移動させたことなどが原因でずれることがあります。図形をグループ化すると、こうしたずれを防げます。また移動もまとめてできるようになるので便利です。

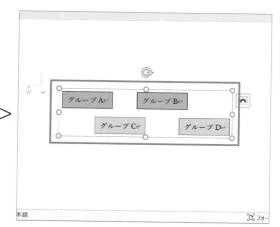

❶「Shift」キーを押しながらグループ化したい図形をクリックして選択。すべて選択したら、❷図形を右クリック→❸「グループ化」→❹「グループ化」をクリックする。

図形がグループ化されました。すべてまとめて移動できる状態になります。なお、グループ化された図を右クリックし、「グループ解除」をクリックすると、グループが解除されます。

Word

111

ヘッダーと
フッター

印刷用紙に書類の名前や
ページ数を入れる

文書の各ページの上側にはヘッダー、下側にはフッターという領域があります。できあがった資料を配布する際は、ここに会社名やページ数を入れると親切です。ページ数などの情報は自動的に更新できるようにもできます。資料に変更があったときでも、修正作業が不要になるので便利です。

1 ヘッダーを選択する

リボンの「挿入」タブの「ヘッダーとフッター」から❶「ヘッダー」をクリックします。表示された一覧から、❷空白のヘッダーをクリックします。

2 ヘッダーが設定された

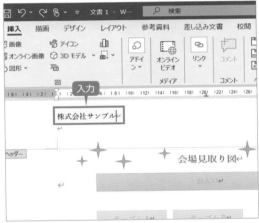

文章の上部にヘッダーが設定され、ヘッダーの入力画面が表示されました。ここに、表示したいヘッダーを入力します（ここでは会社名を入力します）。

3 フッターを選択する

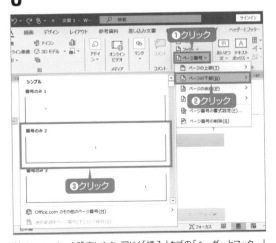

続けて、フッターを設定します。同じく「挿入」タブの「ヘッダーとフッター」から、❶「ページ番号」→❷「ページの下部」→❸「番号のみ 2」をクリックします。

4 フッターが選択された

フッターが設定され、フッター部分の中央にページ番号が表示されています。次のページに進むと、ページ番号も自動的に増えていくので、入力する必要はありません。

すべてのページに自動で設定されるので便利です！

112

文字の装飾

文字に
アンダーライン
を引く

テク075の太字・斜体と同様に、文字にアンダーラインを引くショートカットもあります。タイトルや見出し、重要なポイントなどに引くと効果的です。

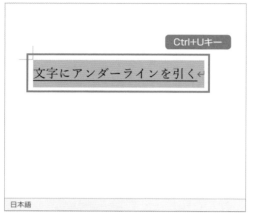

「Ctrl+U」キーを押してから入力すると、アンダーラインのついた文字を入力できます（文字を選択してから「Ctrl+U」キーを押しても同様の設定ができます）。

113

文字の装飾

文字の種類や
色を変える

文字の種類や色など、より細かな設定をしたい場合には、「フォント」のダイアログボックスを利用しましょう。すでに紹介した太字や斜体、フォントサイズの変更も可能です。

「Ctrl+D」キーを押すと、この「フォント」画面がすぐに開けます。ここから、文字の種類、スタイル、サイズ、色、飾りなどの細かな設定が可能です。

114

便利な変換

変換中の
文字を
ひらがなにする

間違った漢字や、カタカナ・英字などに変換されそうなときには、F6キーが役立ちます。変換を確定する前に押せば、再びひらがなに戻すことができます。

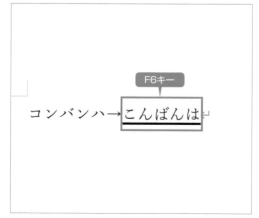

間違えてカタカナに変換されそうになったときは、確定前に「F6」キーを押しましょう。すると、変換前のひらがなに戻すことができます。

115

便利な変換

変換中の
文字を
カタカナにする

入力した文字をカタカナにしたいとき、スペースキーを何度か押しても変換できますが、F7キーのほうがスムーズ。1回押すだけでカタカナに変換することができます。

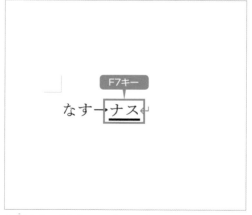

文字を入力し、変換するときに「Space」ではなく「F7」キーを押すと、文字がすぐにカタカナに変換されます。さらに「F7」キーを押すと、末尾から一文字ずつひらがなに戻せます。

116

便利な変換

変換中の文字を全角英字にする

「JAPAN」と入力したいのに、日本語入力モードだったために「じゃぱn」になることがあります。こんなとき、文字の確定前にF9キーを押すと、全角英字に変換できて便利です。

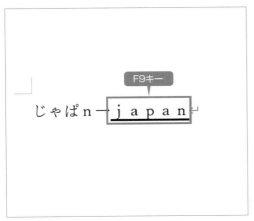

文字を入力し、変換するときに「F9」キーを押すと、全角英字に変換されます。なお、2度押すと大文字、3度押すと頭文字だけ大文字となります。

117

便利な変換

変換中の文字を半角英字にする

テク116と同様に、文字の確定前にF10キーを押すと半角英字に変換できます。日本語入力モードを切り替えることなくF9・F10キーで英字に変換できるので便利です。

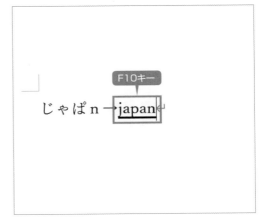

文字を入力し、変換するときに「F10」キーを押すと、英字に変換されます。なお、2度押すと大文字、3度押すと頭文字だけ大文字となります。

118

便利な変換

変換をやめて文字を消去する

文字の変換中に「やっぱり入力をやめよう」と思ったら、Escキーが役立ちます。変換中の文字をもとのひらがなに戻すだけでなく、確定前の文字を消去することもできます。

変換の確定前に「Esc」キーを1度押すと、画面のとおり1つの文節がひらがなに戻ります。2度押すと変換中のすべての文字がひらがなに、3度押すと確定前の文字をすべて消去できます。

119

記号と特殊文字

©マークをすばやく入力する

商品やサービスの名前につく©マークは、著作権を表す記号です。これを手っ取り早く入力するには、(c)と入力することです。Wordが自動的に©マークに差し替えてくれます。

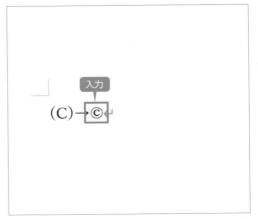

入力モードを半角英数にした上で、(c)と入力します。すると、(c)の表示が自動的に©マークに差し替えられます。記号を探す手間が省け、便利です。

120
記号と
特殊文字

特殊な記号や
文字を
入力する

Wordには特殊な記号や文字が多数用意されています。
「挿入」タブ→「記号と特殊文字」でそれらの一覧を開き、使
いたい文字をクリックすると、その文字が挿入されます。

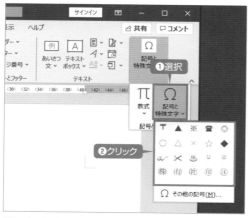

「挿入」タブの「記号と特殊文字」をクリックすると、この画面が表示
されます。❶記号・特殊文字を選択し、❷「挿入」をクリックすると、選
択した記号・特殊文字が挿入されます。

121
コピー・
貼り付け

ウェブサイト
の文字だけを
貼り付ける

ウェブサイトの文字をコピーして貼り付けるときは、「貼り付
けのオプション」で「テキストのみ保持」を選択しましょう。
ウェブサイトの余計な書式を反映せず、文字だけが貼り付け
られます。

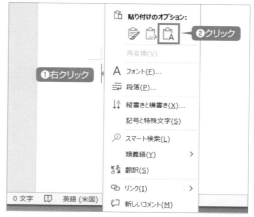

ウェブサイトの内容をコピーしたあと、❶右クリック→❷「貼り付けの
オプション」にある「テキストのみ保持」をクリックします。すると、ウェ
ブサイトの文字だけが貼り付けられます。

122
罫線の挿入

罫線を簡単に
入力する

ページの幅いっぱいに伸びる罫線を入力するときは、「---」
または「===」と、記号を3つ入力してみましょう。入力オー
トフォーマットという機能によって、罫線が入力されます。

```
---↵
―――――――――――――
↵

===↵
―――――――――――――
↵

                 ↵
―――――――――――――
↵
```

上は「---」、下は「===」と入力した結果です。ほかにも、「＿＿＿」(アン
ダーバー)、「＊＊＊」(アスタリスク)、「＃＃＃」(シャープ)などで種類の違
う罫線となります。

123
リンクの削除

ハイパー
リンクを
削除する

URLに設定されるハイパーリンクは、右クリックメニューだ
と1つずつしか消せません。Ctrl+Shift+F9キーを押す
と、選択した範囲のハイパーリンクをまとめて消去できます。

Ctrl+Shift+F9キー

http://zzz.example.jp↵

http://yyy.example.jp↵

http://xxx.example.jp↵

削除したいハイパーリンクをすべて選択し、「Ctrl+Shift+F9」キーを
押すと、選択範囲のハイパーリンクをすべて削除できます。

Excel

Excelを使いこなす

単価と個数をかけて小計を求める●連続する番号や日付を入力する●デザイン変更や集計がしやすいテーブルを使う●複数の条件でデータを並べ替える●数字に「個」と単位を付ける●セルを効率的に移動して表を手早く入力する●セル内で文章を改行する●ショートカットで行全体・列全体を選択する●大きな表の見出し行・列が隠れないようにする●未入力のセルにまとめて入力する●文字の長さに合った列幅にする●セルを別の場所に移動する●セル内の長い文字を1行で表示する●ふりがなのないデータにフリガナを振る●複数のセルを1つにまとめる●カタカナのフリガナをひらがなで表示する●セル内で文章を折り返して表示する●表の途中に新しい行・列を挿入する●表の中の行・列をほかの行・列と入れ替える●表の行と列を入れ替える●平日の日付だけを連続入力する●特定の文字を含むセルを探す●あやふやな文字を検索する●ある単語をまとめて入力する●小数点の表示桁数を統一する●数字を3桁(001)で統一する●「1/2」のように分数を入力する●「1000」を「1,000」のように数字の3桁目にカンマを入れる●今の日付をすぐに入力する●今の時刻をすぐに入力する●西暦で入力した日付を和暦で表示する●小計を足し算して合計を求める●クラスのテストの結果から平均点を求める●数値の個数を求める●クラスのテストの結果から最高点をピックアップする●クラスのテストの結果から最低点をピックアップする●セルに入力されている文字の数を数える●列の内容を分割する●2つのセルの内容をつなげる●合計や平均をさっと知る●数式をコピーしたときに参照先がずれないようにする●数式の計算結果をコピーする●条件に当てはまるセルだけを目立たせる●製品名をプルダウンメニューで選べるようにする●条件を満たす行だけ表示する●横棒グラフの並び順を入れ替える●あとからグラフの種類を変える●表のデータからグラフを作成する●表の一部分だけを印刷する●大きな表を1ページに収まるように印刷する●印刷用紙に書類の名前やページ数を入れる●表の見出し行を全ページに付ける●白黒でも見やすく印刷する●ワークシートの名前を変える●新しいワークシートを挿入する●ワークシートを切り替える●ワークシートの見出しの色を変える●すぐ上のセルの内容を貼り付ける●すぐ左のセルの内容を貼り付ける●セルの書式設定をすぐ開く●セルに罫線を引く●セルにコメントを付ける●入力を忘れている空白セルを見つける●キー操作だけでグラフを作成する●セル内にグラフを表示する●セル内の空白を削除する●セル内の改行を削除する●データを開いた時点の日付を表示する●データを開いた時点の日時を表示する●データの入力されたセルを数える●条件によって表示する内容を変える●割り算の余りを計算する●複数のセルの値を1つにまとめる

Excel

メインとなる画面の
名称と機能を覚えよう!

表を作ってデータを整理したり、合計を計算したりといった用途にはExcelが活躍します。Excelの機能は奥深いものがありますが、本書で紹介する基本的な機能を押さえておけば、職場でも即戦力として活躍できるはず! 少しずつでも練習してぜひマスターしましょう。

①クイックアクセスツールバー
よく利用する機能を登録しておくためのツールバーです。どの画面からでも1クリックで登録した機能を呼び出せます。

②タイトルバー
現在開いているファイルの名前が表示されます。

③リボン
Excelの各種機能を呼び出すためのメニューです。「ファイル」「ホーム」「挿入」「描画」「ページレイアウト」「数式」「データ」「校閲」「表示」の9つのタブがあります。

④ヘルプ
キーワードを入力することで、使いたい機能を実行したり、ヘルプを確認したりすることができます。

⑤共有
ブックをOneDriveに保存して、ほかのユーザーと共有することができます。

⑥名前ボックス
選択したセルや範囲の名前を表示します。名前を入力することで、セル範囲に任意の名前を付けることもできます。

⑦関数の挿入
クリックすると、「関数の挿入」ダイアログボックスが表示され、関数が入力できます。

⑧数式バー
セルに入力している数式が表示されます。ここから数式を編集することもできます。

⑨セル
データを入力する格子状のスペース。ここに文字や数値などを入力してさまざまに活用します。

⑩シート
ブックに作成されているシート

の一覧が表示されます。「+」をクリックすると、新しいシートを追加できます。

⑪ステータスバー
平均、データの個数、合計など、選択しているセルに関するさまざまな情報が表示されます。

⑫画面モード
編集画面の表示を「標準」「ページレイアウト」「改ページプレビュー」の3つから選択できます。

⑬表示倍率・ズームバー
編集画面の表示倍率を調整できます。

カーソル
Excelでは、ワードのような「I」字のカーソルはなく(セルに文字を入力するときは表示されます)、セルを選択する四角い枠がカーソルとなります。カーソルで選択しているセルはアクティブセルと呼びます。

フィルハンドル
アクティブセルの右下に表示される￢のことを「フィルハンドル」といいます。目立たないパーツですが、オートフィルなどで頻繁に使うのでぜひ覚えておきましょう。

124

超重要

数式の基本

単価と個数をかけて
小計を求める

「＝」に続けて「10＋20」などの数式を入力すると、セルに計算結果が表示されます。数式には「A1」などのセル番地が使えます（数式の中で使うセル番地を引数といいます）。コピーして数式を複製すると参照先のセルが自動で更新されるため、大量の計算でもすぐに処理することができます。

1 E列とF列の掛け算の結果をG列に表示する

ここでは、E列とF列の掛け算の結果をG列に表示します。セル「G4」に「＝E4*F4」と入力します。数式に入れたいセルをクリックすると、セルが引数として数式に入力されます。

2 計算結果の数式をほかの行にも複製する

計算結果が表示されます。次に、この数式をほかの行にも複製しましょう。セル「G4」の右下にある╋を下にドラッグします。

3 参照先が更新され数式が複製される

G列の各行で、それぞれの行のセルを参照した計算結果が表示されます。例えば、セル「G5」には「＝E5*F5」というように、参照先が更新した数式が複製されています。

数式では掛け算以外にも、足し算、引き算、割り算が使えます。これら4つの計算は頻繁に使うので、計算の記号（演算子）を頭に入れておきましょう。特に、掛け算と割り算が×や÷ではない点に注意してください。

演算子	計算
＋	足し算
－	引き算
＊	掛け算
／	割り算

数式を入力するときは、必ず「＝」から始めましょう。

Excelを使いこなす

125

超重要

オートフィル

連続する番号や日付を入力する

日付を入力したセルの右下にある ▪ を下や右方向にドラッグしてみましょう。これだけで簡単に1日ずつずれた日付を入力できます。この機能をオートフィルといい、金額や時間などの数値でも利用できます。また、数字を入力したセルの ▪ をCtrlキーを押しながらドラッグすると、連番が入力できます。

1 日付を入力したセルの 下方向にドラッグする

オートフィルの機能を使って、日付を自動入力します。まずは基準となる日付を入力し、日付を入力したセルの ▪ を下方向にドラッグします。

2 日付が1日ずつ後ろに ずれて表示される

ドラッグで選択したセルの分だけ、日付が自動入力されます。日付を1つだけ入れてオートフィル機能を使うと、その日を基準に1日ずつ後ろにずれた日付が下のセルに入力されます。

3 オートフィルは規則性 のある文字にも対応

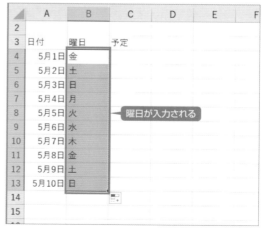

オートフィルは、曜日や干支など、規則性のある文字にも対応しているので試してみましょう。「金」と入力したセルの ▪ を下方向にドラッグします。

4 正しい順番で 曜日が入力される

オートフィルは「金」を曜日と判断し、下のセルに曜日を入力します。この場合は、下のセルに「土、日、月」…と正しい順番で曜日が入力されます。

規則性を判断してくれるので、ドラッグだけで一気に入力ができます！

126

超重要

テーブル

デザイン変更や集計が
しやすいテーブルを使う

テーブルとは、セルに入力したデータを1つのグループとして扱うための機能です。自動で見出し行や罫線、背景色など設定してくれるほか、新しいデータを入力すると、自動でテーブルの範囲を拡張してくれます。また、集計行を追加することで平均や合計などの計算も簡単にできます。

1 「挿入」タブの「テーブル」をクリック

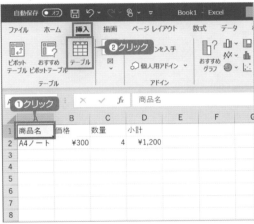

❶テーブルにしたいデータが入力されているセルのいずれかにカーソルを移動します。❷リボンの「挿入」タブをクリックし、「テーブル」をクリックします。

2 「先頭行をテーブル〜」にチェックを入れる

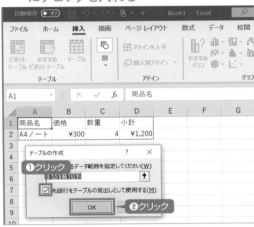

「テーブルの作成」ダイアログボックスが表示されます。❶「先頭行をテーブルの見出しとして使用する」にチェックを入れ、❷「OK」をクリックします。

3 テーブルの範囲が自動で拡張される

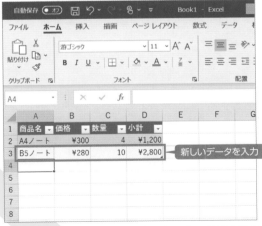

テーブルが作成されました。ここでは、1行目がテーブルの見出しに設定されています。新しいデータを入力すると、テーブルの範囲が自動で拡張されます。

4 「テーブルデザイン」タブの「集計行」にチェック

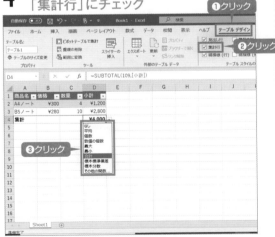

「テーブルデザイン」タブの「集計行」にチェックを入れると、テーブルに集計行が追加され、合計や平均などの計算が求められるようになります。

Excelを使いこなす

テーブルはデータの集計や分析に重要な機能です。ぜひ覚えておきましょう。

127

超重要

複数の条件で
データを並べ替える

データ並べ替え

行の順番を並べ替えたいときは、「データ」タブの「並べ替え」をクリックします。ダイアログで、どの列を昇順・降順のどちらで並べ替えるかを設定することができます。①点数、②名前のように複数の条件で並べ替えたいときは、「レベルの追加」をクリックして、2つ目以降の条件を指定します。

1 「データ」タブ→「並べ替え」をクリック

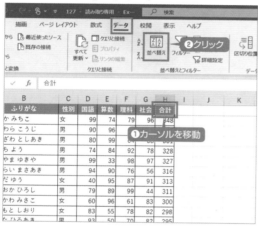

❶順番を並べ替えたい表のセルのいずれかにカーソルを移動します。次に、❷リボンの「データ」タブをクリックし、「並べ替えとフィルター」にある「並べ替え」をクリックします。

2 「並べ替え」のダイアログボックスが表示される

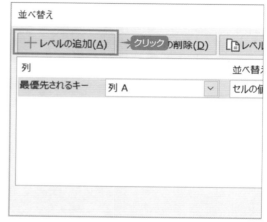

「並べ替え」ダイアログボックスが表示されるので、条件を指定します。複数の条件で並べ替えたいときは、「レベルの追加」をクリックします。

3 並べ替えの条件を設定して「OK」をクリックする

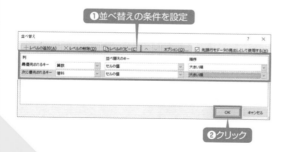

❶「最優先されるキー」と「次に優先されるキー」で並べ替えの条件を設定します。「列」、「並べ替えのキー」、「順序」の指定が必要です。入力が終わったら❷「OK」をクリックします。

4 表が指定した順番で並べ替えが完了する

表が指定した順番で並べ替えられました（ここではまず「算数」の値が大きい順に並べ替えたあと、「理科」の値の大きい順に並べ替えています）。

並べ替えには複数の条件が指定できます！

128
超重要

表示形式の変更

数字に「個」と単位を付ける

単位を付けようと思ってセルにそのまま「10個」などと入力すると、文字列として扱われてしまい、計算に使えなくなります。数値に単位を付けたい場合は、ユーザー定義の表示形式で設定しましょう。見た目には単位が付きますが、データは数値として扱われるため、計算にも利用できます。

1 単位を付けるセルを選んで「ホーム」タブをクリック

❶単位を付けたいセルを選択します。そのあと、❷リボンの「ホーム」タブをクリックし、❸数値グループの右下にある ⌐ をクリックします。

2 「#"個"」を入力して「OK」をクリックする

「セルの書式設定」ダイアログボックスが表示されます。❶「ユーザー定義」をクリックし、❷「種類」に「#"個"」と入力して、❸「OK」をクリックします。

3 単位の設定が完了する

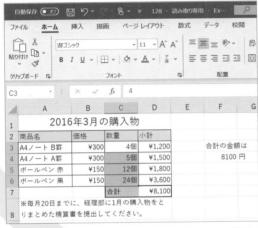

手順2で指定した表示形式で、数値に単位が設定されました。「個」がついていますが、数値扱いなので、計算式にも使用することができます。

表示形式を使わずセルにそのまま「〇個」と入力すると、計算ができずにエラーが表示されてしまいます。

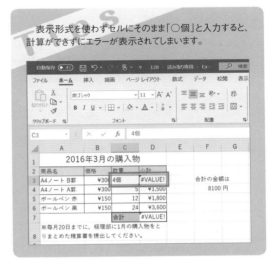

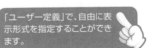

「ユーザー定義」で、自由に表示形式を指定することができます。

129 セルを効率的に移動して 表を手早く入力する

カーソルの移動

Excelでデータを入力するとき、カーソルをより効率よく移動させるには、横のセルに移動するときは「Tab」キー、下のセルに移動するときは「Enter」キーを使いましょう。これならマウスに手をのばすことなく、ホームポジション(キーボードに指を置いた状態)のまま操作できます。

1 パソコンのキーボードの 「Tab」キーを押す

セルに入力し、横のセルにカーソルを移動したい状況だとします。このとき、マウスで隣のセルをクリックするのではなく、パソコンのキーボードの「Tab」キーを押しましょう。

2 隣のセルに カーソルが移動する

「Tab」キーを押すことで、キーボードから手を放すことなく、隣のセルにカーソルが移動しました。このまま入力を再開することができます。

3 パソコンのキーボードの 「Enter」キーを押す

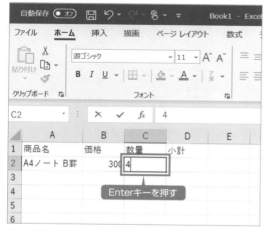

行の右端まで入力が完了し、次の行の左端にカーソルを移動したい状況だとします。ここで、パソコンのキーボードの「Enter」キーを押します。

4 次の行の左端に カーソルが移動する

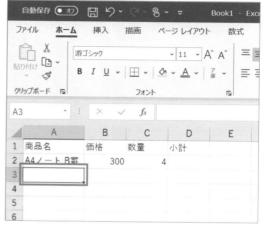

「Enter」キーを押すだけで、次の行の左端のセルまでカーソルが移動します。マウスに手を伸ばすことなく、スムーズに入力を再開できます。

慣れるまでは難しいかもしれませんが、サクサク入力できるようになると効率もぐっとよくなりますよ。

130

セル内で文章を改行する

セル内改行

セル内で改行したくてEnterキーを押すと、カーソルが次のセルに移動してしまいます。このようなときは、「Alt」キーを押しながら「Enter」キーを押してみましょう。これでセル内で文章を改行できます。

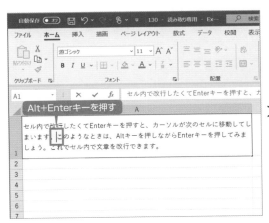

>>

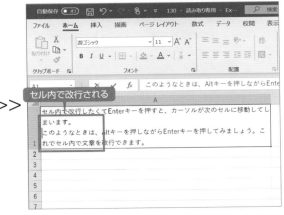

セル内の文章で、改行したい箇所にマウスまたはキーボードの矢印キーを使ってカーソルを移動します。そして、「Alt+Enter」キーを押します。

セル内で改行され、カーソル位置からテキストが改行されます。普通に「Enter」キーを押すとカーソルが次のセルに移動してしまうので注意しましょう。

131

ショートカットキーで行全体・列全体を選択する

ショートカットキー

行や列を追加・削除するとき、行・列全体を選択する操作が面倒です。「Ctrl+スペース」キー、「Shift+スペース」キーを使って手早く選択しましょう。

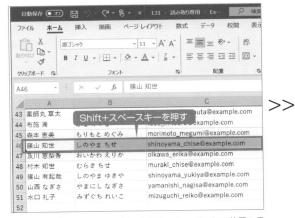

>>

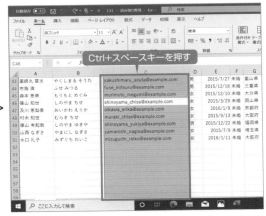

キーボードの「Shift+スペース」キーを押すと、カーソルがある位置の行全体を選択できます(ただし、文字入力モードが半角英数のときに限ります)。

キーボードの「Ctrl+スペース」キーを押すと、カーソルがある位置の列全体を選択できます。手早く選択できるので便利です。

132

大きな表の見出し行・列が隠れないようにする

ウィンドウ枠の
固定

大きな表を見るときに便利なのが、指定した行・列を常に表示する「ウィンドウ枠の固定」機能です。表をスクロールしても見出し行や列が常に表示できるので、データが何を示すのか見やすくなります。

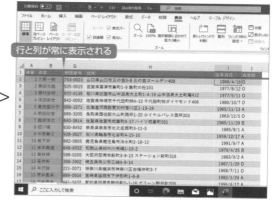

❶常に表示したい行と列の交差点から一つ右下の位置にカーソルを移動します。❷リボンの「表示」タブの❸「ウィンドウ枠の固定」→❹「ウィンドウ枠の固定」をクリックします。

選択した位置の左上の角を基準に、行と列が常に表示されるようになります。大きな表など、スクロールしても固定された部分が常に表示され、データが何を示すのかわかりやすくなります。

133

未入力のセルにまとめて入力する

まとめて入力

複数のセルに同じ内容を入力していくのは手間がかかります。セルを選択してから文字を入力し、「Ctrl+Enter」キーで確定すると、選択しているセルに一気に文字を入力することができます。

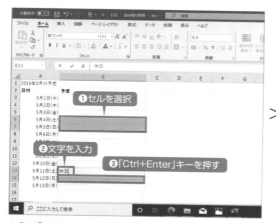

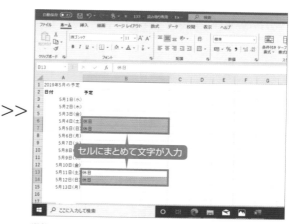

まずは、❶入力したいセルを複数選択します。そして、❷セルに文字を入力したら、❸入力後、「Ctrl+Enter」キーを押します。

選択したセルにまとめて文字が入力されます。この機能を使うことで、コピーや貼り付けをする必要がなくなります。

134

文字の長さに合った列幅にする

列幅の調整

セルに入力した値が途中で途切れていたり、「####」と表示されてしまうのは、列の幅が短いことが原因です。列番号の境目をダブルクリックすると、列幅が調整され、文字全体が表示されます。

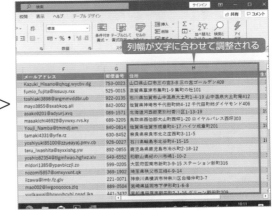

セルの幅が短いと、印刷をしたときなどに表示が途切れていたり「####」と表示されてしまいます。これを防ぐために、列幅を調整したい列番号の境目をダブルクリックしましょう。

列幅が、セルに入力されている文字に合わせて自動で調整されます。マウスをドラッグして大きさを調整するよりも、簡単に調整できます。

135

セルを別の好きな場所に移動する

セルの移動

上下に配置していた2つの表を、左右に並べたい……こんなときは、移動したい表を選択し、選択範囲の枠にマウスポインターをあわせてドラッグすると、好きなところに移動できます。

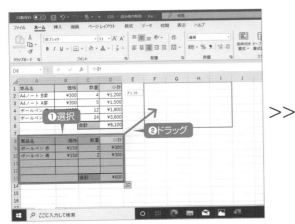

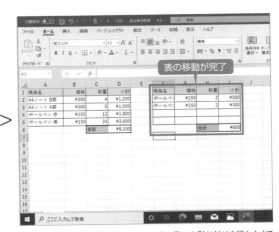

下にある表を、右上に移動します。まずは、❶移動したい表全体を選択します。次に、❷選択範囲の枠を、右上にドラッグします。

ドラッグした場所に表ごと移動しました。切り取りや貼り付けを行わなくても、すぐに表を移動できる機能です。

136 セル内の長い文字を 1行で表示する

文字列の縮小表示

短いセル幅に文字を収めたいときは、「セルの書式」ダイアログボックスで「縮小して全体を表示する」を設定します。この機能をオンにすると、セル幅に合わせて、文字サイズが自動で縮小されます。

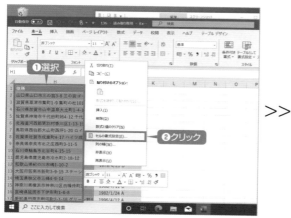

>>

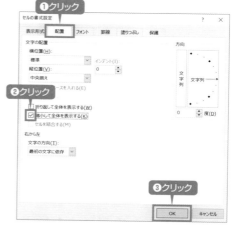

❶縮小表示したいセル全体を選択します。ここでマウスを右クリックし、メニューから❷「セルの書式設定」をクリック。「セルの書式設定」ダイアログボックスを表示します。

「セルの書式設定」ダイアログボックスで、❶「配置」タブをクリックします。❷「縮小して全体を表示する」にチェックを入れ、❸「OK」をクリックすると、文字サイズが調整されます。

137 セル内で文章を 折り返して表示する

折り返し表示

セルに長い文章を入力すると、セルから文字がはみ出してしまいます。いちいち改行を入れるのが面倒なら、「折り返し表示」を設定しましょう。セルの幅で文章が自動で折り返して表示されます。

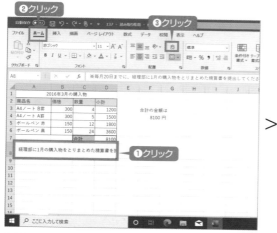

>>

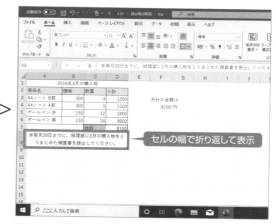

P.089のテク130のように、セル内で改行することもできますが、面倒なときは「折り返し表示」設定にしましょう。❶セルを選択し、リボンの❷「ホーム」→❸ をクリックします。

文章が、セルの幅で折り返して表示されます。改行を入れなくても、文章全体が見えるようになります。

138
カタカナのふりがなを ひらがなで表示する

ふりがなの設定

Excelで入力した漢字は、「ホーム」タブの をクリックすると、ふりがなを表示することができます。このふりがなは初期設定ではカタカナで表示されますが、ひらがなに変更することも可能です。

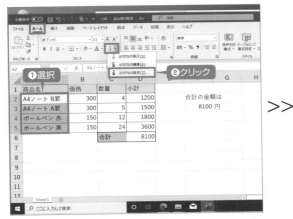

❶ふりがなの設定を変更したいセルを選択します。❷「ホーム」タブの 右横にある小さな「▼」をクリックし、「ふりがなの設定」をクリックします。

「ふりがなの設定」ダイアログボックスが表示されます。「ふりがな」タブをクリックして❶「ひらがな」を選択したら、❷「OK」をクリックします。その後 をクリックしましょう。

Excelを使いこなす

139

ふりがなのないデータに ふりがなを振る

ふりがなの設定

実はふりがなは、Excelで直接入力した文字列にしか振られません。他のアプリからコピーした文字列にふりがなを設定したいときは、AltキーとShiftキーを押しながら、「↑」キーを押します。

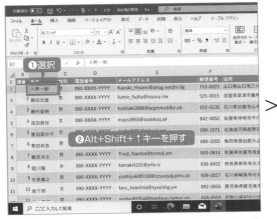

まずは、❶ふりがなを振りたいセルにカーソルを移動します。次に、❷「Alt」キーと「Shift」キーを押しながら、「↑」キーを押します。これでふりがなを表示できます。

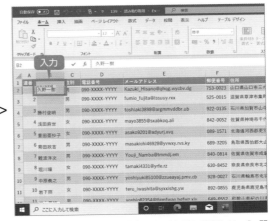

自動で入力されたふりがなが間違っているときは、修正しましょう。間違っている部分にカーソルを合わせ、削除します。続いて、正しい読み方を入力します。

140

複数のセルを1つにまとめる

セルの結合

文書のタイトルを記述したり、表で2列分の見出し行を作ったりするときに、複数のセルを1つにまとめられると便利です。Excelでは、「セルの結合」という機能で、選択したセルを1つのセルとして扱えるようになります。

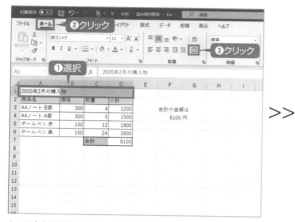

>>

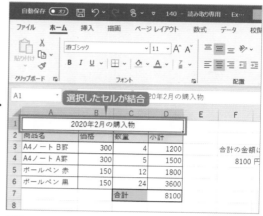

セルは自由に結合できます。まず、❶結合したいセルをすべて選択します。次に、リボンの❷「ホーム」をクリック。続けて、「配置」グループの❸ をクリックします。

選択したセルが結合され、1つのセルになりました。さらに、文章が中央揃えになります。結合を解除したいときは、同じアイコンを再度クリックしましょう。

141

表の途中に新しい行・列を挿入する

行・列の挿入

新しい行や列を追加する場合は、行や列の全体を選択してから右クリックすれば簡単です。選択した行の上側、列の左側に新しい行・列を挿入できます。

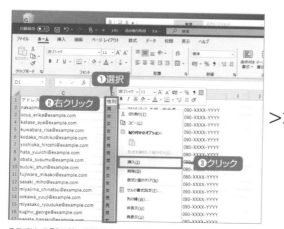

>>

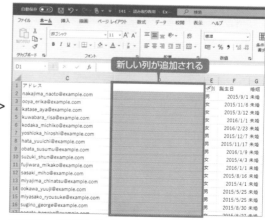

ここでは、D列の前に列を追加することとします。まずは❶D列全体を選択します。次に❷D列を右クリックして、メニューから❸「挿入」をクリックします。

D列に新しい列が追加されました。行を追加したいときも、同様に行全体を選択したあと、右クリックのメニューから「挿入」をクリックすると、上側に行が追加されます。

142

超重要

表の中の行・列を
ほかの行・列と入れ替える

行・列の入れ替え

行や列の順番を入れ替えたいときは、行もしくは列を選択し、「Shift」キーを押しながら行・列の枠をドラッグします。また、選択した行・列を複製したいときは、「Ctrl+Shift」キーを押しながら行・列の枠をドラッグします。

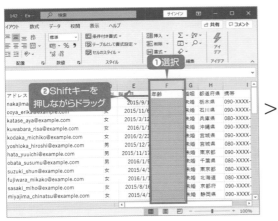

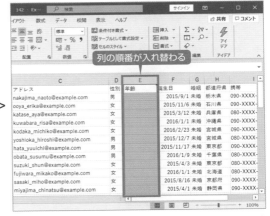

まずは、❶移動したい列全体を選択します。次に、❷「Shift」キーを押しながら、選択した枠を移動したい方向へドラッグしましょう。

これで、列の順番を入れ替えることができました。行を移動したいときも同様に、行全体を選択したあと、枠を移動したい方向へドラッグします。

143

表の行と列の
位置を入れ替える

行・列の入れ替え

表を作ったあとに、行と列を入れ替えたくなった……一見、イチから作り直しに思えるこんな場合でも、Excelなら簡単に対応できます。元の表をコピーし、貼り付けのオプションで「行列を入れ替える」を選択しましょう。

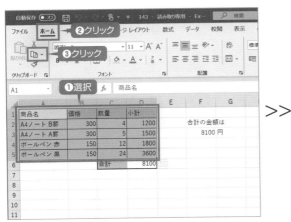

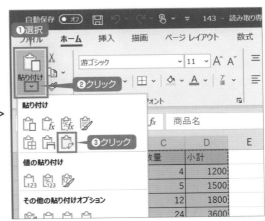

まずは、❶元の表全体を選択します。次に、リボンの❷「ホーム」をクリックし、「クリップボード」グループの❸ をクリックします。

貼り付け先のセルを選択します。続いて、「クリップボード」グループの「貼り付け」の下にある小さな「▼」をクリック。表示されたメニューから❸ をクリックします。

144 平日の日付だけを連続入力する

オートフィルの応用

オートフィルで日付を入力したものの、平日だけでいいという場合もあるでしょう。こんなときは、オートフィルオプションを使えば2クリックで平日のみの日付に変更できます。手作業で休日の行を削除する必要はありません。

1 日付を入力したセルの ＋ をドラッグ

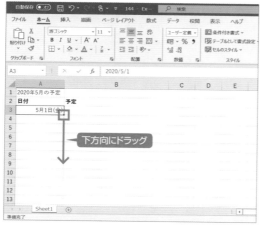

P.084のテク125と同様の操作をします。まず、日付を入力したセルにカーソルを合わせます。次に、右下の ＋ を下方向にドラッグします。

2 「連続データ（週日単位）」をクリックする

オートフィル機能で1日ずつずれた日付が表示されました。続いて、❶ をクリックします。さらに、❷「連続データ（週日単位）」をクリックします。

3 日付が削除されたデータが作成される

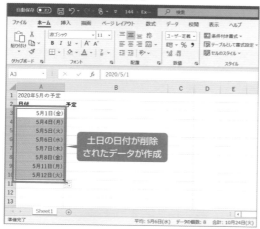

土日の日付だけが削除されたデータが作成されます。2クリックのみで簡単に設定できます。

オートフィルを使うと自動で1つ目のセルの書式がコピーされますが、これもオートフィルオプションで解除できます。 ＋ をクリックし、「書式なしコピー（フィル）」をクリックしましょう。

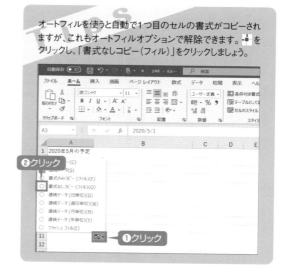

❷のボタンは手順1の操作後、他のセルの編集をすると消えてしまうので注意しましょう!

145

超重要

特定の文字を含む
セルを探す

検索

数十行にわたるデータのなかから、ある文字が入力されたセルを探したい、といったときには検索機能が便利です。探したい語句を入力してボタンをクリックすると、一瞬で目的のセルが見つかります。

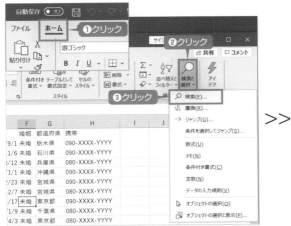

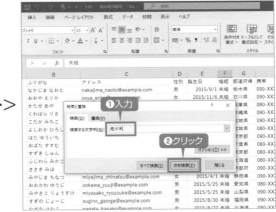

「検索」ダイアログボックスを表示します。リボンの❶「ホーム」をクリックし、❷「検索と選択」をクリックします。メニューが表示されたら、❸「検索」をクリックします。

「検索」ダイアログボックスが表示されました。「検索する文字列」に❶検索したい語句を入力し、❷「次を検索」をクリックすると、該当するセルにカーソルが移動します。

146

あやふやな文字を
検索する

ワイルドカード

「田中」と「田辺」など、文字の一部が違う語句を探したいときは検索にワイルドカードを使います。「?」はどんな1字にでもマッチし、「*」は0字以上のすべての文字にマッチします。

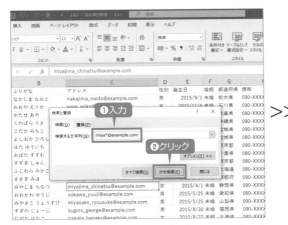

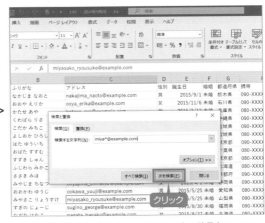

ここでは「miya」で始まり「@example.com」で終わるメールアドレスを探します。❶検索画面で「miya*@example.com」と入力し、❷「次を検索」をクリックします。1つ目の結果（miyajima_chinatsu@exaple.com）が見つかります。

もう一度「次を検索」をクリックします。すると、次の結果（miyasako_ryousuke@example.com）が見つかります。このように、あやふやな単語を検索するのに便利な機能です。

147

ある単語をまとめて入れ替える

置換

「独身」を「未婚」に変えるなど、ある表現をまとめて変更するときに便利な機能が「置換」。「すべて置換」をクリックすると、シート内の文字を一発で変換できます。あらかじめセルを選択しておけば、その箇所だけ置換を実行できます。

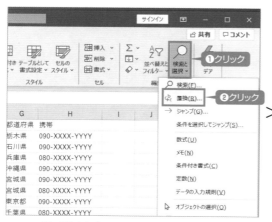

>>

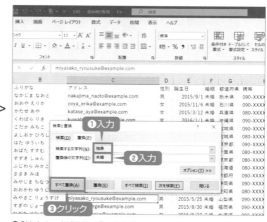

ここではF列の「独身」を「未婚」に変更しましょう。リボンの「ホーム」タブをクリックし、❶「検索と選択」をクリックしてメニューを表示します。次に、❷「置換」をクリックします。

❶「検索する文字列」に「独身」、❷「置換後の文字列」に「未婚」と入力し、❸「すべて置換」をクリックします。シート内の「独身」がすべて「未婚」に変換されます。

148

重複するデータをまとめて削除する

重複の削除

数百行にわたるデータのなかから、重複する行を目で見て探し、削除するのはとても手間がかかります。Excelならボタンを3回クリックするだけで、表の中から重複する行を一気に削除できます。

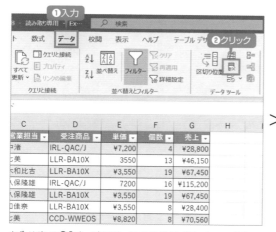

>>

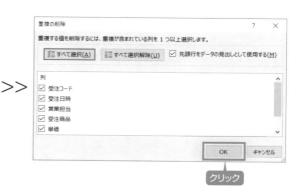

まず、リボンの❶「データ」をクリックします。次に、「データツール」グループの❷ 🖫 をクリックします。

「OK」をクリックすると、重複する行が検索され、まとめて削除されます。

149

超重要

表示形式の設定

数字を3桁（001）で統一する

Excelで「001」と入力しても、勝手に「1」と表示が変換されてしまいます。3桁に統一して表示するには、表示形式を変更する方法がおすすめです。見た目が変わるだけでデータ自体は変わらないので、そのまま数式にも使えます。

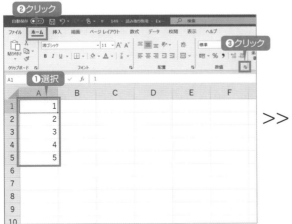

>>

表示形式を変更します。❶変更したいセルを選択し、リボンの❷「ホーム」をクリックします。次に、❸「数値」グループにある 🔳 をクリックします。

「セルの書式設定」ダイアログボックスが表示されました。❶「ユーザー定義」をクリックし、❷「00#」と入力して、「OK」をクリックすると、表示形式を変更できます。

150

表示形式の変更

「1/2」のように分数を入力する

Excelで「1/2」や「2/3」といった分数を入力しようとすると、なぜか日付に変換されてしまいます。分数を入力するには、先に表示形式を分数に変更してから入力する方法が確実です。

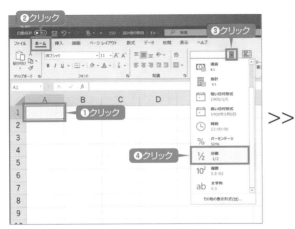

>>

❶表示形式を変更したいセルを選択します。リボンの❷「ホーム」をクリックし、❸「数値の書式」のプルダウンメニューで❹「分数」をクリックします。

「1/2」と入力してEnterキーを押しても、分数として認識されるようになりました。数式バーを見ると、「0.5」と数値として扱われていることがわかります。

151 小数点の表示桁数を統一する

表示形式の変更

小数点以下の桁数を統一したいときは、「ホーム」タブの「数値」グループにある 🔢 と 🔢 をクリックして調節します。🔢 をクリックすると表示桁数が増え、🔢 をクリックすると表示桁数が減ります。

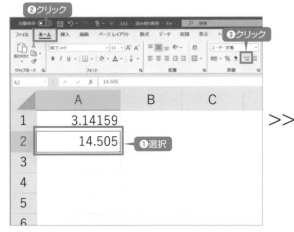

>>

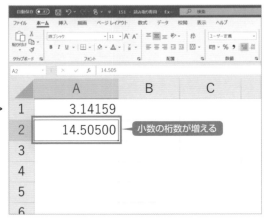

まずは、❶小数の桁数を増やしたいセルを選択します。次に❷「ホーム」タブをクリックし、❸「数値」グループにある 🔢 をクリックします。

小数の表示桁数が増えました。押すごとに表示桁数を増やすことができます。

152 「1000」を「1,000」のように数字の3桁目にカンマを入れる

表示形式の変更

扱う数字が大きくなると、ひと目では100万なのか10万なのか区別が付きにくくなります。「1,000」のように3桁ごとに「,」を入れておくと、数値が読みやすくなります。1クリックでできるのでぜひ設定しましょう。

>>

	A	B	C	D
1	発注書		3桁ごとにカンマ(,)が表示	2020/3/1
2	商品名	価格	数量	小計
3	NeJ-001A	¥20	2,000	40,000
4	NeJ-001B	¥20	2,000	40,000
5	CR-005R	¥45	1,200	54,000
6	CR-009X	¥50	1,200	60,000
7			合計	194,000
8				
9				
10				
11				
12				

数値にカンマを入れることで読みやすくします。まず、❶表示形式を変更したいセルを選択します。リボンの❷「ホーム」タブをクリックし、❸ 🔢 をクリックします。

選択したセルの数値に、3桁ごとにカンマ(,)が表示され、読みやすくなりました。

153

今現在の日付を
すぐに入力する

日付の入力

請求書の発行日、データの集計日など、今日の日付を入力する機会は意外と多いもの。「Ctrl
+;(セミコロン)」キーを押せば、現在の日付を一発で入力することができます。

>>

ショートカットを使って、現在の日付をすぐに入力します。❶日付を入力し
たいセルにカーソルを移動します。次に、❷「Ctrl＋;」キーを押します。

今日の日付が入力されました。

154

今現在の時刻を
すぐに入力する

時刻の入力

日付の入力とあわせて覚えておきたいのが、現在時刻を入力するショートカットキーの「Ctrl
+:(コロン)」。「:」は「12:00」など時刻に使われる記号と覚えておくとよいでしょう。

>>

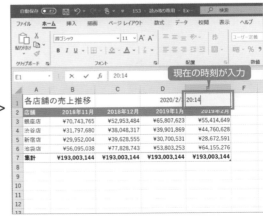

ショートカットを使って、現在の時刻をすぐに入力します❶時刻を入力し
たいセルにカーソルを移動します。次に、❷「Ctrl」＋「:」キーを押します。

現在の時刻が入力されました。

Excelを使いこなす

155

超重要

和暦の入力

西暦で入力した日付を
和暦で表示する

日付の入力には西暦が便利ですが、表示自体は「昭和」や「平成」などの和暦にしたいこともあるでしょう。このような場合、いちいち日付を入力しなおさなくても、表示形式を変更するだけで和暦に変更できます。表示形式を変えてもデータは変わらないので、そのまま並び替えや計算に使えます。

1 日付が入力されている
セルを選択する

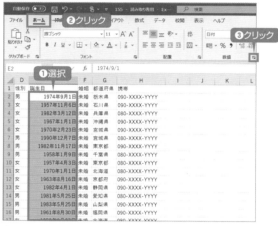

❶日付が入力されているセルを選択します。次に、リボンの❷「ホーム」タブをクリックします。そして、❸数値グループの ⌐ をクリックします。

2 カレンダーの種類で
「和暦」を選択する

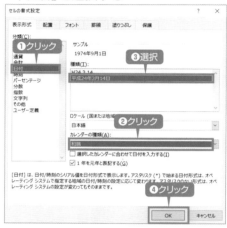

「セルの書式設定」ダイアログボックスが表示されたら❶「日付」をクリックし、❷カレンダーの種類で「和暦」を選択。種類で❸「平成24年3月14日」を選択して、❹「OK」をクリックします。

3 日付表示の西暦が
和暦に変更される

西暦で表示されていた日付が和暦で表示されました。ここから、「セルの書式設定」ダイアログボックスで表示形式をカスタマイズすることもできます。「サンプル」で表示を確認しながら、適切な形式に変更しましょう。

日付に曜日を表示したいときは、セルの書式設定ダイアログボックスで「ユーザー定義」をクリックし、日付を示す形式をクリックしたら、「種類」の末尾に「(aaa)」と入力します。「サンプル」で曜日が表示されていることが確認できます。「OK」をクリックすると、曜日が表示されます。

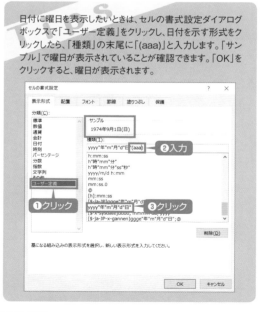

セルの書式設定ダイアログ
ボックスは「Ctrl+1」キーで
も開けます!

156

超重要

SUM関数

小計を足し算して合計を求める

100個あるセルの数値を合計するために「=A1+A2+ …」と入力するのは骨が折れます。手早く求めるには、SUM関数を使うとよいでしょう。「数式」タブの「オートSUM」をクリックすると、SUM関数が入力されます。

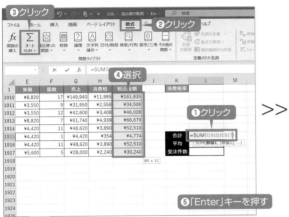
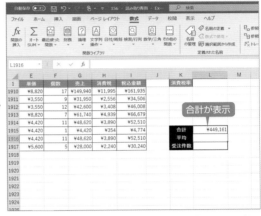

❶合計を表示したいセルをクリックし、リボンの❷「数式」タブをクリックします。続いて、❸「オートSUM」をクリックし、❹合計したいセル範囲を選択します。最後に、❺「Enter」キーを押しましょう。

「税込金額」列の合計が求められました。このように、「オートSUM」をクリックすると、一から数式を入力しなくてもすぐに合計を出すことができます。

157

超重要

AVERAGE関数

クラスのテストの結果から平均点を求める

平均の計算式は「合計÷個数（人数）」ですが、これも関数を使うことでより手軽に求められます。平均の計算には「AVERAGE」という関数を使います。引数には計算対象のセルを選択します。

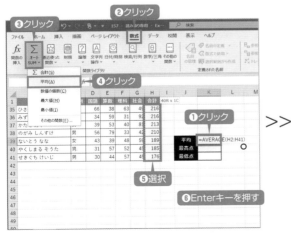
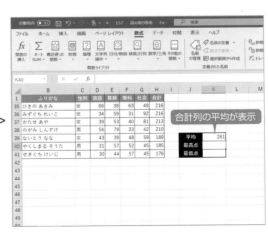

❶平均値を表示したいセルをクリックし、❷「数式」タブ→❸「オートSUM」→❹「平均」をクリックし、❺平均を求めたいセル範囲を選択して引数を設定したら、❻「Enter」キーを押します。

「合計」列の平均が求められました。このように、「AVERAGE」関数を使うと、選択したセルの平均をすばやく求めることができます。

158 数値の個数を求める

COUNT関数

関数は数値が入力されているセルの個数を数えます。文字列が入力されているセルも含めて数えたいときはCOUNT関数を使います。

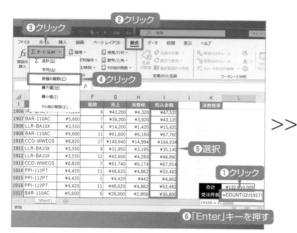

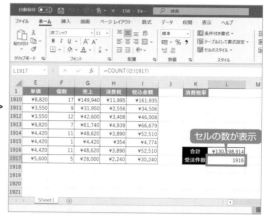

❶数値を表示したいセルをクリックしたら、❷「数式」タブ→❸「オートSUM」→❹「数値の個数」をクリックし、❺個数を数えたいセル範囲を選択して引数を設定したら、❻「Enter」キーを押します。

「税込金額」列の数値が入力されているセルの数が求められました。このように、数値が入力されているセルの数を数えるときは、「COUNT」関数を使いましょう。

159 クラスのテストの結果から最高点をピックアップする

超重要

MAX関数

指定したセル範囲からいちばん大きな数値を取り出すときは、MAX関数を使います。売上成績がいちばんの数値や、テストの最高点を求めるときに便利です。金額のなかに時刻など、異なる単位の数値が引数に混じらないように気を付けましょう。

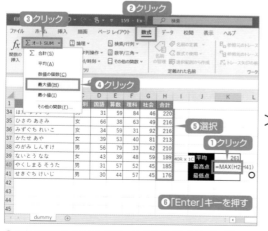

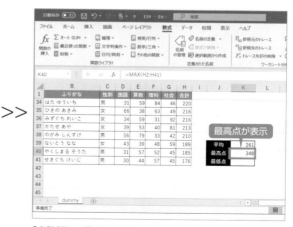

❶最高点を表示したいセルをクリックしたら、❷「数式」タブ→❸「オートSUM」→❹「最大値」をクリックし、❺最大値を求めたいセル範囲を選択して引数を設定したら、❻「Enter」キーを押します。

「合計」列から最高点が取り出されました。このように、指定したセル範囲からいちばん大きい数値を取り出すときは、「MAX」関数を使いましょう。

160

**クラスのテストの結果から
最低点をピックアップする**

MIN関数

最大値を求める関数があるなら、当然最小値を求める関数もあります。指定したセル範囲から最小値を取り出すには、MIN関数を使います。この関数も「オートSUM」ボタンのメニューから入力できます。

❶最低点を表示したいセルをクリックしたら、❷「数式」タブ→❸「オートSUM」→❹「最小値」をクリックし、❺最小値を求めたいセル範囲を選択して引数を設定したら、❻「Enter」キーを押します。

合計列から最低点が取り出されました。このように、指定したセル範囲からいちばん小さい数値を取り出すときは、「MIN」関数を使いましょう。

161

**セルに入力されている
文字の数を数える**

LEN関数

指定したセルの文字数を数えてくれるので、現在どれくらいの文字数を書いたのかがすぐに確認できます。

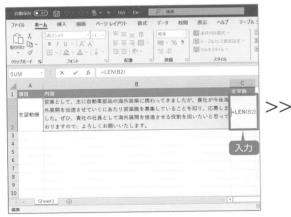
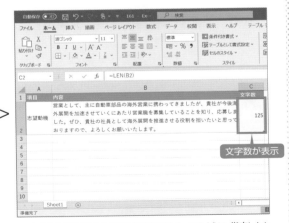

ここではセルB2の文字数を数えます。結果を入力したいセルにカーソルを移動し、LEN関数の数式「=LEN(B2)」を入力します。次に、「Enter」キーを押します。

セルB2の文字数が、セルC2に表示されました。このように、指定したセルの文字数を数えたいときは、「LEN」関数を使いましょう。

162

列の内容を分割する

区切り位置

「姓　名」のような文字列を、「姓」と「名」のように2つのセルに分割したい——1つ2つならまだしも、大量のデータを処理するとなると大変です。こんなときに使いたいのが「区切り位置」機能です。カンマやセミコロン、スペースといった区切り文字を基準に、文字列を複数の列に分割できます。

1 空行をつくる

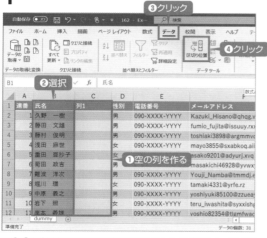

まず、❶分割する列の右側に空の列を作ります。❷分割したい列を選択したら、リボンの❸「データ」タブをクリックし、続けて❹「データツール」グループの「区切り位置」をクリックします。

2 ファイル形式を指定する

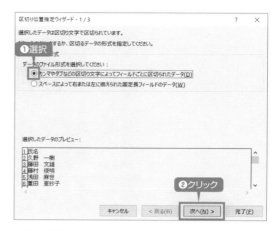

「区切り位置指定ウィザード」のダイアログボックスが表示されます。❶「カンマやタブなどの……」をクリックして選択し、❷「次へ」をクリックします。

3 「スペース」にチェックを入れる

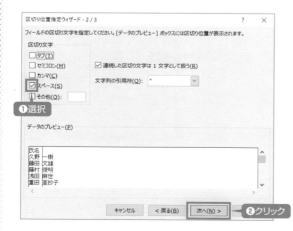

次の画面の❶「区切り文字」で、「スペース」にのみチェックを入れ、❷「次へ」をクリックします。次の画面で「完了」をクリックします。

4 列が分割される

設定が完了すると、このように姓と名が2列に分割されて表示されます。1つひとつ手作業で分割するよりも簡単に列の内容を分割することができます。

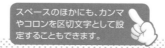

スペースのほかにも、カンマやコロンを区切文字として設定することもできます。

163 2つのセルの内容をつなげる

&演算子

テク162とは逆に、姓と名を結合して、1つの文字列にしたいときに便利なのが、数式で使う「&」演算子です。「=A1&B1」のように使うと、セルA1とB1の値を結合した値を取得できます。

結果を表示したいセルを選び、数式「=C2&D2」を入力し、Enterキーを押します。

カーソルを移動したセルに、姓と名を結合した文字列が表示されました。あとは、この数式を下の行にコピーすれば、それぞれの行で結合した内容が表示されます。

164 合計や平均をさっと求める

ステータスバー

「ここの平均、いくら?」なんて急に聞かれたときは、対象のセルを選択してみましょう。画面下部のステータスバーに平均とデータの個数、合計が表示されるので、一瞬で確認することができます。

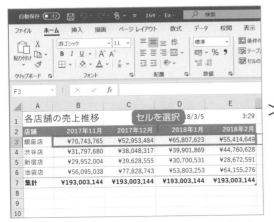

P.103のテク156やテク157の合計や平均を求める関数を使わずに、すぐ確認する方法があります。平均を求めたいセルを選択しましょう。

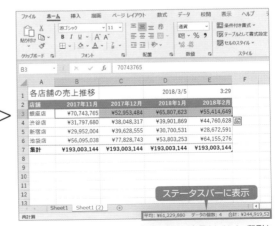

ステータスバーに、平均とデータの個数、合計が表示されました。印刷などで表示する必要がなければ、この方法で平均や合計を確認してもいいでしょう。

165 数式をコピーしたときに参照先がずれないようにする

絶対参照

数式をコピーすると、参照先がずれて計算がおかしくなることがあります。これを防ぎたいときは、セル番地に$を入れて、「$A$1」のように記述します。この記述方法を絶対参照といい、セルをコピーしても参照先がずれなくなります。

例えば、このようにセルH2に消費税を計算する式を入力します。これをこのまま下にドラッグしても、消費税率のセル参照がずれるため、正しく計算されません。

消費税率のセルだけを固定して参照できるようにするには、❶セルH2をダブルクリックして、❷「J2」を「J2」に修正します。これで、セルH2を下の行にコピーしても正しく計算されます。

166 数式の計算結果をコピーする

値のコピー

足し算や関数などの数式の結果をほかのセルにコピーすると、数式そのものを複製してしまいます。これでは数式の参照先がズレるだけで、期待する結果が表示されません。数式は不要で、計算の結果の数値だけが必要なときは、「値の貼り付け」機能を使います。

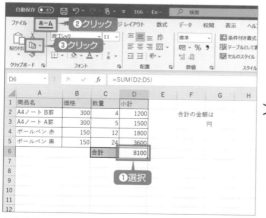

まず、❶値だけをコピーしたいセルを選択します。次に、❷「ホーム」タブをクリック。「クリップボード」グループの❸ 📋 をクリックします。

次に、❶貼り付け先のセルを選択します。同じく「クリップボード」グループで❷「貼り付け」の「▼」→❷ 📋 をクリックすると、数式ではなく値のみを貼り付けできます。

条件を満たす行だけ表示する

フィルタ

「表の中から性別が"男"のデータを確認したい」というときに便利なのがフィルタです。見出し行に表示される「▼」をクリックして条件を指定すると、条件を満たす行だけが表示されます。

1 「フィルター」を選択する

ここでは性別が「男」で合計点数が300点以上の行だけを表示します。リボンの❶「データ」タブをクリックし、続けて❷「フィルター」をクリックします。

2 フィルターの内容を設定する

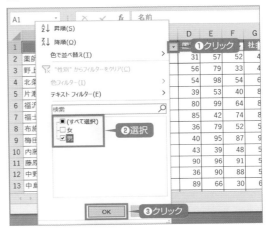

❶「性別」の「▼」をクリックし、メニューを表示します。❷チェックボックスで表示したい項目(ここでは「男」)にチェックを付け、❸「OK」をクリックします。

3 もうひとつのフィルターを設定する

続いて、「合計」の「▼」をクリックし、メニューを表示します。❶「数値フィルター」をクリックし、❷「指定の値以上」をクリックします

4 指定した条件でフィルターをかける

❶任意の数値(ここでは300)を入力し、❷「OK」をクリックします。すると、性別が「男」で合計点数が300点以上の行だけを表示します。

フィルターで複数の条件を指定して、合致する行だけを抽出できます。

168

条件に当てはまる
セルだけを目立たせる

条件付き書式

条件付き書式は、指定した条件を満たすセルの書式だけを変える機能です。テストの点数が
80点以上の生徒だけ強調する、あるいは30点未満の生徒を強調したい。こんなとき、条件付
き書式を使えば、一度設定を行うだけで、すべてのセルに書式が反映されるので、1つひとつ
強調を設定するより圧倒的に楽です。

1 書式を設定したいセルを
まとめて選択する

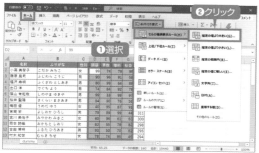

❶書式を設定したいセルをまとめて選択し、❷「ホーム」タブの「条件付
き書式」→「セルの強調表示ルール」→「指定の値より大きい」をクリッ
クします。

2 強調の基準となる
数値を入力する

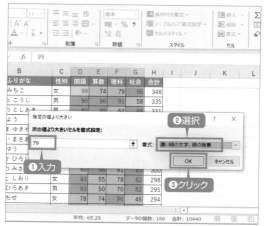

「指定の値より大きい」ダイアログボックスが表示されます。❶強調の
基準となる数値を入力します。❷強調の書式を選択したら、❸「OK」を
クリックします。

3 条件付き書式の追加や
解除したいときは…

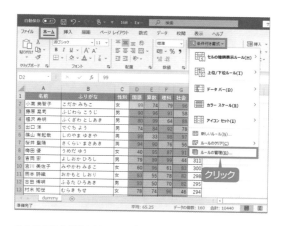

条件付き書式が設定されました。条件付き書式を追加・解除したいとき
は、「ホーム」タブの「条件付き書式」→「ルールの管理」をクリックしま
す。

4 ダイアログボックスが
表示される

「条件付き書式ルールの管理」ダイアログボックスが表示されます。ここ
で、ルールの追加や編集、削除などの詳細設定が行えます。

ある数値以上・以下のセルを
強調したいときなどに便利で
す。

169

製品名をプルダウンメニューで選べるようにする

リスト機能

製品名や支店名のように、決まったデータを確実に入力するときに便利なのが、入力規則のリスト機能です。プルダウンメニューからデータを入力できるようになるほか、誤ったデータを入力すると警告が表示されるので、確実に正しいデータを入力することができます。

1 プルダウンメニューを設定したいセルを選択する

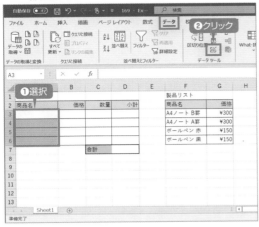

❶プルダウンメニューを設定したいセルを選択し、リボンの❷「データ」タブをクリック。「データツール」グループの「データの入力規則」をクリックします。

2 「設定」タブの「入力値の種類」に「リスト」を選択する

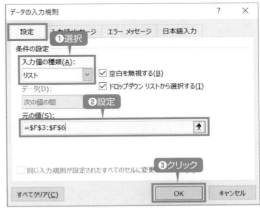

「設定」タブで、❶「入力値の種類」に「リスト」を選択し、❷「元の値」にプルダウンメニューに表示したいデータが入力されているセル範囲を絶対参照で指定したら、❸「OK」をクリックします。

3 セルの右側にある「▼」をクリックする

セルにプルダウンメニューが追加されました。セルの右側にある「▼」をクリックすると、プルダウンメニューで製品名が入力できます。

4 リストに存在しない値を入力すると…

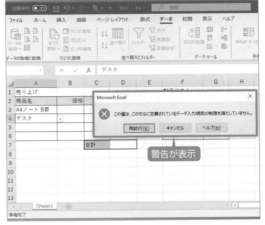

さらに、リストに存在しない値を入力すると、このように警告のポップアップが表示されます。これで入力誤りを防ぐことができます。

入力規則のリスト機能で、確実に入力しましょう。

170

超重要

グラフ作成

表のデータから
グラフを作成する

グラフを作りたいけれど、折れ線グラフ、棒グラフ、どれが適しているかわからない。こんなときは「おすすめグラフ」機能を使いましょう。データの内容を分析して適切なグラフを提案してくれます。

1 グラフを作成するデータの セルを選択する

❶グラフとして作成したいデータが入力されているセルを選択します。❷「挿入」タブをクリックし、❸「おすすめグラフ」をクリックします。

2 グラフを選択して 「OK」をクリックする

「グラフの挿入」ダイアログボックスが表示されます。いくつかおすすめのグラフが提案されます。❶いずれかを選択して、❷「OK」をクリックします。

3 作成したグラフが 完成して表示される

グラフが作成され、シート上に表示されました。この表は自由に大きさをかえたり、移動することができます。

「おすすめグラフ」ダイアログボックスで「すべてのグラフ」をクリックすると、Excelで利用できるすべてのグラフが表示されます。おすすめのなかに使いたいグラフがない場合は、ここから選びましょう。

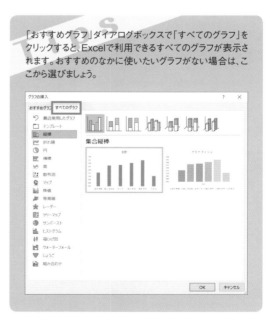

「一番いいグラフ」はExcelに
聞いてしまえばいいのです。
グラフは怖くありません!

171

横棒グラフの並び順を入れ替える

グラフ設定

Excelの横棒グラフは、縦軸の並び順が表の並び順と逆になってしまいます。これは、縦軸の設定で軸を反転させることによって入れ替えられます。このとき横軸の目盛りが上側に移動するので、下に表示するよう設定する必要があります。

1 グラフの縦軸をダブルクリックする

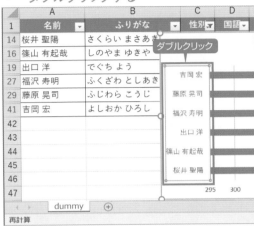

縦軸の並び順が表の並び順と逆になっているのを修正します。まずはグラフの縦軸をダブルクリックして、軸の書式設定を表示します。

2 「軸を反転する」にチェックを入れる

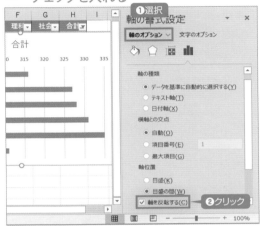

軸の書式設定が右側に表示されました。❶「軸のオプション」をクリックして展開し、「軸位置」で❷「軸を反転する」にチェックを入れます。

3 ラベルの位置を設定する

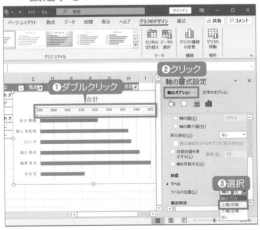

❶次にグラフの横軸をダブルクリックし、同様に軸の書式設定を表示します。❷「軸のオプション」の「ラベルの位置」で❸「上端/右端」を選択します。

4 縦軸の並び順が表の並び順と同じになる

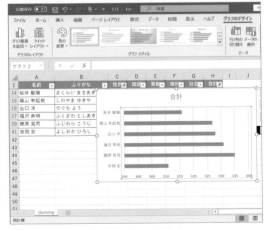

縦軸の並び順が、表の並び順と同じになりました。

> データとグラフで並び順が逆になったら、軸の書式設定で修正しましょう。

172

グラフ設定

作成したグラフの種類を
あとから変える

一度作った横棒グラフを、やっぱり縦棒グラフにしたい。こんなときは、「グラフのデザイン」タブで「グラフの種類の変更」をクリックします。ダイアログボックスが表示されるので、変更したいグラフの種類を選びましょう。

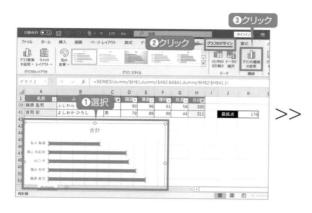

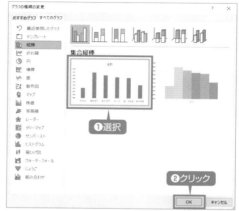

❶作成済みのグラフを選択し、❷「グラフのデザイン」タブをクリックします。「種類」グループの、❸「グラフの種類の変更」をクリックします。

「グラフの種類の変更」ダイアログボックスが表示されます。❶変更したい種類のグラフを選択し、❷「OK」をクリックすると、そのグラフに変更できます。

173

印刷設定

超重要

大きな表を1ページに
収まるように印刷する

大きな表を1ページに収めて印刷するには、印刷画面の拡大・縮小オプションで「シートを1ページに印刷」を選択します。これで面倒な設定不要で、用紙1枚に収まるように表を縮小して印刷してくれます。

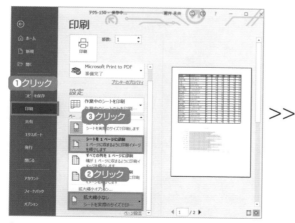

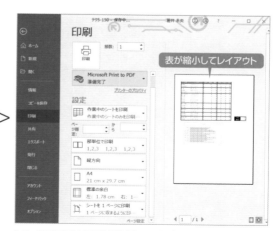

「ファイル」をクリックし、❶「印刷」をクリックします。❷「拡大・縮小なし」をクリックして、❸「シートを1ページに印刷」を選択します。

1ページに収まるように表が縮小してレイアウトされます。右側に表示されるプレビューを確認しましょう。

174

印刷範囲設定

表の一部分だけを
印刷する

請求書や見積書のような取引先に送る文書では、注意書きや補足のデータなど、本来文書に必要のない要素の印刷は避けたいところ。必要なところだけ確実に印刷されるよう設定するには「印刷範囲の設定」が便利です。この機能を利用すると、指定した範囲しか印刷されなくなります。

1 「印刷範囲の設定」を
クリックする

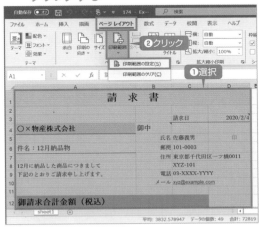

❶印刷したい範囲を選択し、❷「ページレイアウト」タブをクリックします。次に、「印刷範囲」グループにある「印刷範囲の設定」をクリックします。

2 「改ページプレビュー」を
クリックする

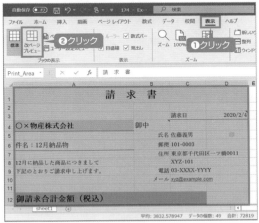

❶「表示」タブをクリックして、❷「ブックの表示」にある「改ページプレビュー」をクリックすると、どの部分が印刷されるかを確認できます。

3 「ファイル」→「印刷」を
順番にクリックする

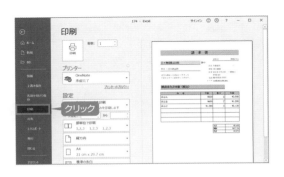

「ファイル」タブをクリックして左側のメニューから「印刷」をクリックすると、印刷範囲に設定したところだけが印刷されることが確認できます。

4 一度だけ指定の範囲を
印刷したい時は…

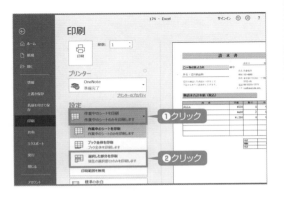

一度だけ指定の範囲を印刷したいときは、印刷対象のセルを選択した上で印刷画面を表示し、❶「作業中のシートを印刷」をクリックし、❷「選択した部分を印刷」を選択するとよいでしょう。

常に必要なところだけ印刷できるようにしましょう。

175

表の見出し行を全ページに付ける

タイトル行

数ページにわたる縦に長い表を作るとき、2ページ目からは見出し行が表示されないので読み取りづらくなります。印刷タイトルを設定すれば、自動で各ページの最上部にタイトル行が追加された状態で印刷できます。

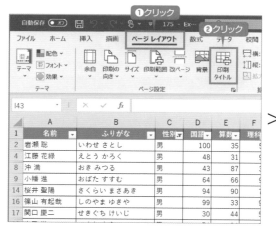 >>

まず、リボンの❶「ページレイアウト」タブをクリックします。次に、「ページ設定」グループの❷「印刷タイトル」をクリックしましょう。

「ページ設定」ダイアログボックスが表示されます。「タイトル行」に見出しに設定したい行番号を入力し、「OK」をクリックすると、自動で各ページの最上部にタイトルが表示されます。

176

白黒でも見やすく印刷する

白黒印刷

色の違いが重要になる円グラフや積み上げ棒グラフは白黒で印刷すると非常に見づらくなります。Excelで白黒に適した設定に変更しておけば、グラフに模様が設定されるので、白黒でも資料が読みやすくなります。

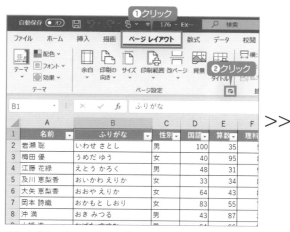 >>

リボンの❶「ページレイアウト」タブをクリックします。次に、❷「ページ設定」グループの ⤵ をクリックします。

「ページ設定」ダイアログボックスが表示されます。❶「シート」タブの❷「白黒印刷」をクリックしてチェックを付けたら、❸「OK」をクリックすると、白黒でも読みやすくなります。

177

印刷用紙に書類の名前やページ数を入れる

超重要

ヘッダー／フッター

資料に書類の名前やページ数を入れたいときは、ヘッダーとフッターを使います。ヘッダーとフッターに入れたページ数やファイル名などの情報は自動で更新されるので、資料に変更が発生したときでも修正が不要です。

1 「ページレイアウト」を選択する

ヘッダーに書類の名前を登録し、どのページでも書類の名前がわかるようにします。リボンの❶「表示」タブ→❷「ページレイアウト」をクリックします。

2 ヘッダーにファイル名を追加する

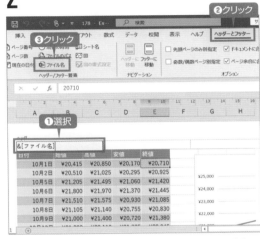

用紙上部の3つの欄がヘッダーです。❶1つの欄を選択し、❷「ヘッダーとフッター」タブ→❸「ファイル名」をクリックすると、ヘッダーにファイル名を追加できます。

3 フッターにページ番号を追加する

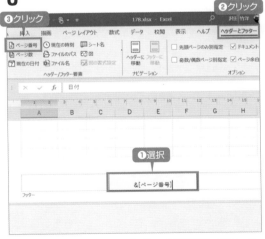

用紙下部の3つの欄はフッターです。❶1つの欄を選択し、❷「ヘッダーとフッター」タブ→❸「ページ番号」をクリックすると、フッターに現在のページ数を追加できます。

4 それぞれの表示を確認する

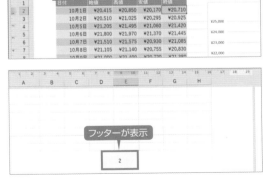

ヘッダーは上の画像のように、フッターは下の画像のように表示されるので、確認します。

こうした少しの配慮で、資料はもっとわかりやすくなります。

178

ワークシートの
挿入

新しい
ワークシートを
挿入する

新しいワークシートを挿入したいときは、「Shift」キーを押しながら、「F11」キーを押すと効率的です。このショートカットキーを押すと、アクティブシートの前に、新しいシートが追加されます。

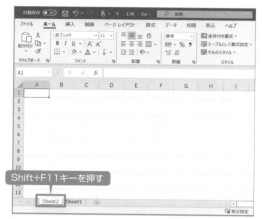

「Shift＋F11」キーを押すと、新しいシートが追加されます。新しいシートは、今まで表示されていたアクティブシートの右側に表示されます。

179

ワークシートの
切り替え

ワークシートを
切り替える

複数のシートを見比べながら資料を作るとき、いちいちマウスでシートを切り替えるのはもどかしいもの。「Ctrl」キーを押しながら「PageUp」、「PageDown」キーを押すと、すばやくワークシートを切り替えられます。

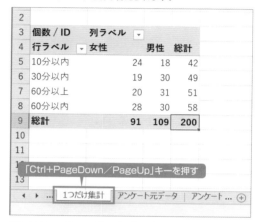

「Ctrl＋PageDown」キーでひとつ右のワークシート、「Ctrl＋PageUp」キーでひとつ左のワークシートに切り替わります。マウスを使用するより、すばやく切り替えられます。

180

ワークシートの
名前変更

ワークシートの
名前を変える

ワークシートを2つ以上使うブックでは、内容がひと目でわかる名前に変えておきましょう。画面下部のワークシートのタブをダブルクリックすると名前が編集できるようになるので、適切な名前を入力します。

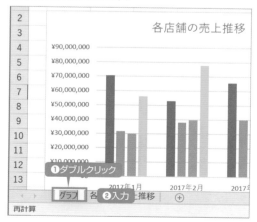

ワークシートの名前を変更するには、❶シートのタブをダブルクリックし、❷新しいワークシートの名前を入力します。

181

シート見出し
の色を設定

ワークシートの
見出しの色を
変える

扱うシート数が増えて、名前だけでは内容がわかりづらくなってきたら、シート見出しの色を変更してみましょう。グラフは赤、元データは青、分析したデータは緑のように使い分けると見やすくなります。

❶色を変えたいシートのタブを右クリックします。表示されたメニューから❷「シート見出しの色」をクリックし、❸設定したい色をクリックします。

182
データの複製

すぐ上の
セルの内容を
貼り付ける

「Ctrl」キーを押しながら「D」キーを押すと、1つ上のセル
とまったく同じ値を現在のセルに複製できます。コピーと貼
り付けの手順を一度で実行できるので、ぜひ覚えておきま
しょう。

「Ctrl+D」キーを押すと、1つ上のセルと同じ値を現在のセルに複製
します。コピー＋貼り付けを1アクションで実行できます。

183
データの複製

すぐ左の
セルの内容を
貼り付ける

横方向にデータを増やす表を作るときは、左隣のセルの値
を現在のセルに複製する「Ctlr+R」のショートカットキーが
便利です。「Ctrl+D」キーと合わせてぜひ身に付けておき
たいテクニックです。

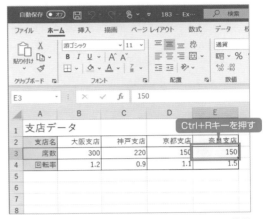

「Ctrl+R」キーを押すと、左隣のセルと同じ値を現在のセルに複製
します。テク182と同様、コピーと貼り付けを1アクションで行ってい
ます。

184
セルの書式設定

セルの
書式設定を
すぐ開く

表示形式の設定や罫線、フォント、背景色などをまとめて設
定できる「セルの書式設定」ダイアログボックス。実はこの
画面、「Ctrl」キーを押しながら「1」キーを押すことでス
ピーディに呼び出せます。

「Ctrl+1」キーを押すと、「セルの書式設定」ダイアログボックスが
表示されます。「セルの書式設定」はよく使う機能なので、覚えておく
と便利です。

185
罫線の設定

セルに
罫線を引く

Excelに最初から引かれているグレーの線は、あくまで視
認性を高めるためのもので、実際には印刷されません。表を
作るときはホームタブの罫線ボタンから、自身で罫線を設定
する必要があります。

罫線を引きたいセルを選択し、「ホーム」タブの罫線ボタンの「▼」を
クリックして、メニューを表示します。設定したい罫線を選択すると、
シート上に罫線が反映されます。

186
コメント

セルに
コメントを
付ける

データの入力時に気を付けてほしい注意事項や、データを見ていて気になるところがあったら、コメントを追加しておきましょう。追加したセルにマウスカーソルを合わせると、コメントが表示されます。

❶コメントを追加したいセルを選択し、❷「校閲」タブの「新しいコメント」をクリックします。コメントの記入欄が表示されるので、必要事項を記入します。

187
検索と選択

入力を忘れて
いる空白セルを
見つける

名簿やテスト結果の集計表で、未入力になっているところをチェックしたいときは、「条件を指定してジャンプ」で、「空白セル」を設定すれば、未入力のセルをまとめて選択できます。

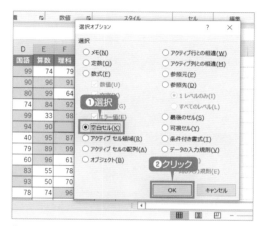

「ホーム」タブの「編集」→「検索と選択」→「条件を指定してジャンプ」をクリック。❶ダイアログボックスで「空白セル」を選択し、❷「OK」をクリックします。

188
グラフの
作成

キー操作だけ
でグラフを
作成する

表を選択後、「Alt」キーを押しながら「F1」キーを押すことで、すばやくグラフを作成することができます。おおまかな数値の傾向をつかみたいときに、この機能でパッとグラフを作ってはいかがでしょう。

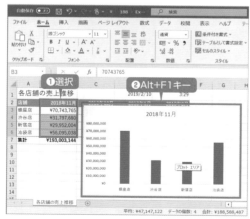

❶グラフにしたいデータを選択します。次に❷「Alt+F1」キーを押すだけで、すぐにグラフが作成されます。すばやくグラフが作成できるので、ぜひ覚えておきましょう。

189
データバー

セル内に
グラフを
表示する

表に書かれた数値から大小を見極めるのは、意外とわかりにくいものです。データバーを使って表の中に小さな棒グラフを作れば、どの数値が大きいかを直感的に見極められるようになります。

❶データバーを設定したいセルを選択し、❷「ホーム」タブの「条件付き書式」→「データバー」をクリックして、❸設定したいデータバーのタイプを選択します。

190
TRIM関数
セル内の空白を削除する

余計なスペースを取り除きたいときはTRIM関数を使いましょう。文字列の前後と単語間の余計な空白を取り除きます。また、検索と置換で「検索」を空白文字、「置換」を未入力にして置換しても同様の結果になります。

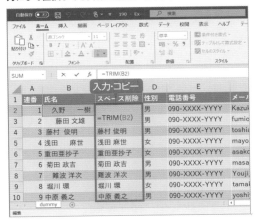

空白を取り除く関数「=TRIM(B2)」をセルC2に入力し、下の行にコピーすると、B列から余計な空白を取り除いた文字列がC列に表示されます。

191
CLEAN関数
セル内の改行を削除する

「Alt+Enter」キーで入力できるセル内の改行。改行したはいいものの、やっぱり削除したいと思ったときは、CLEAN関数を使います。

空白を取り除く関数「=CLEAN(B2)」をセルC2に入力し、下の行にコピーすると、B列から改行を取り除いた文字列がC列に表示されます。

192
TODAY関数
データを開いた時点の日付を表示する

「Ctrl+;」キーで日付を入力するのですら面倒!という人におすすめなのが、TODAY関数。この関数を日付欄に入力しておくと、Excelファイルを開いた日の日付が自動で表示されるようになります。

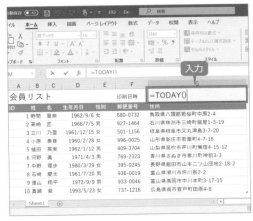

日付を表示したいセルに関数「=TODAY()」を入力すると、ファイルを開いた日の日付が表示されます。毎回「Ctrl+;」キーを押すのが面倒な場合は、こちらで日付を表示しましょう。

193
NOW関数
データを開いた時点の日時を表示する

"書類の印刷日時"のように、日付だけでなく現在時刻まで自動で入力したいときは、NOW関数を使います。NOW関数では、ファイルを開いたときの日付と時刻が自動で表示されます。

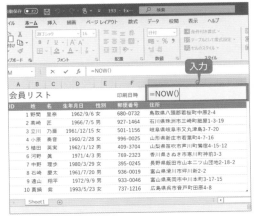

日付と時刻を表示したいセルに関数「=NOW()」を入力すると、ファイルを開いた日時が表示されます。印刷日時が必要な場合は、こちらで表示しましょう。

194
COUNTA関数
データが入力されたセルを数える

あるセル範囲の中でデータが入力されたセルがいくつあるか数えるには、COUNTA関数を使います。宴会の出欠確認で、いま何人から返事が来ているか確認するときなどに使うと便利です。

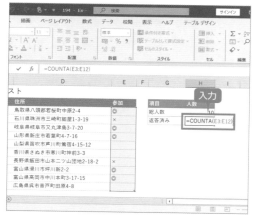

入力済みのセルを数える関数「=COUNTA()」を入力すると、引数に指定したセル範囲で、データが入力されたセルの数が求められます。

195
IF関数
条件によって表示する内容を変える

"購入金額が2,500円以上なら送料無料"のように、条件によって表示する内容を変えたいときはIF関数を使います。条件は「A1>=2500」のように、「<」「>」「=」といった比較演算子を用いて指定します。

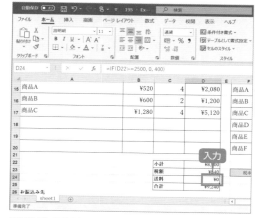

IF関数を「=IF(D22>=2500, 0, 400)」のように入力すると、購入金額A2が2,500円以上の場合は送料が0円、2,500円未満の場合は送料が400円と表示されます。

196
MOD関数
割り算の余りを計算する

エクセルで割り算の余りを求めるには、MOD関数を使います。例えば100本の鉛筆を購入するとき、1箱12本の鉛筆8ダースと4本の鉛筆を購入しますが、この"4本"の部分を求めるのが、余りの役割です。

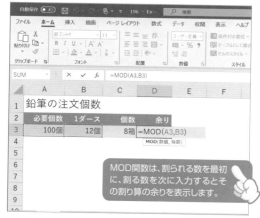

MOD関数は、割られる数を最初に、割る数を次に入力するとその割り算の余りを表示します。

例えば、割り算の割られる数A2を第1引数に、割る数B2を第2引数に指定します。関数「=MOD(A2, B2)」を入力すると、A2をB2で割ったときの余りが求められます。

197
CONCAT関数
複数のセルの値を1つにまとめる

文字列の結合は&演算子でもできますが、結合対象のセルが増えると数式を書くのが大変です。このようなときは、CONCAT関数を使いましょう。引数に指定したセルの値を1つのセルに簡単にまとめてくれます。

例えば、値を結合したいセル範囲F2:I2を引数に指定し、関数「=CONCAT(F2:I2)」を入力すると、F2からI2に入力された値を結合して表示します。

Power
Point

PowerPoint
を使いこなす

アウトラインでスライドの骨子を作る●凝った図形を手早く簡単に作る●スライドマスターで文字サイズを調節する●スライドに画像を追加する●数字の推移をグラフで表現する●スライドのテーマを選択する●オンラインのテンプレートを利用する●画面の表示をアウトラインに切り替える●スライドの順番を入れ替える●すべてのスライドに会社のロゴを追加する●スライドを追加する●スライドの順番を入れ替える●スライドを削除する●箇条書きの記号を数値に変える●箇条書きを解除して通常のテキストとして見せる●文字の大きさが自動で調整されないようにする●表で情報を整理する●グラフの見栄えを整える●エクセルの表やグラフを流用する●ノートに話す内容をメモしておく●使わないスライドを非表示にしておく●プレゼンテーションを開始する●注目箇所をレーザーポインターで指す●スライド4ページ分を1枚の用紙に印刷する●図形を手早く複製する●図形を垂直・水平に複製する●正方形や正円を正しく書く●垂直な線や水平な線を書く●図形の重なりを直す●図形の配置を微調整する●図形をまとめて選択する●図形をまとめて扱う●スライドショーで次のページに進む●スライドショーで前のページに戻る●指定したページにジャンプする●現在のスライドをプレビューする

メインとなる画面の名称と機能を覚えよう!

新製品の発表や企画の提案など、大勢の人たちを前にプレゼンテーションをしなくてはならない機会もあるでしょう。その手助けをしてくれるソフトがPowerPoint です。ここでは、効果的なプレゼン画面や、ビジュアルを重視した図形やグラフの作り方や、本場で役立つプレゼンテクニックを紹介します。

①クイックアクセスツールバー
よく利用する機能を登録しておくためのツールバーです。どの画面からでも1クリックで登録した機能を呼び出せます。

②タイトルバー
現在開いているファイルの名前が表示されます。

③リボン
PowerPointの各種機能を呼び出すためのメニューです。「ファイル」「ホーム」「挿入」「デザイン」「画面切り替え」「アニメーション」「スライドショー」「校閲」「表示」「ヘルプ」の10個のタブがあります。

④ヘルプ
キーワードを入力することで、使いたい機能を実行したり、ヘルプを確認したりすることができます。

⑤共有
プレゼンテーションをOneDriveに保存して、ほかのユーザーと共有することができます。

⑥スライド一覧
作成したスライドのサムネイルが表示されます。クリックすると、編集画面がそのスライドに切り替わります。

⑦編集画面
編集中のスライドが表示される場所です。ここで文字や画像を追加したり、レイアウトを調整したりします。

⑧ステータスバー
スライドの枚数や使用中の言語などの情報が表示されます。

⑨ノート、コメント
スライドに追加したノートやコメントを表示します。

⑩画面モード
編集画面の表示を「標準」「スライド一覧」「閲覧表示」「スライドショー」の4つから選択できます。

⑪表示倍率・ズームバー
編集画面の表示倍率を調整できます。

プレゼンテーションとスライド
PowerPointでは、1つの文書のことを「プレゼンテーション」、文書内の各ページのことを「スライド」と呼びます。

スライドショー
作成したプレゼンテーションを発表するモードのことを「スライドショー」といいます。写真のスライドショーとは違い、発表者が任意のタイミングでスライドの表示を切り替えられます。

198

超重要

アウトラインで スライドの骨子を作る

アウトライン作成

いきなり「スライドを作る」と考えてみても、何をどうしたものか見当がつかないもの。まずは
アウトラインモードに切り替えて、プレゼンテーションで紹介したいことを箇条書きで書き出し
ながらページを割り振ってみましょう。あとからいくらでも順番やページ割りは調整できるの
で、思いつくままに書き込めばOK。これだけでもぐっとスライドらしく仕上がります。

1 スライドのタイトルを入力する

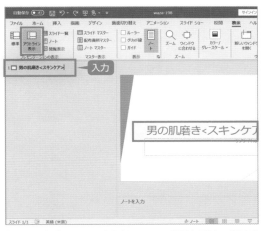

「表示」タブの「アウトライン表示」をクリックして画面表示を切り替えます
（テク205参照）。アウトライン表示でテキストを入力すると、タイトル部
分にテキストが反映されます。

2 Enterキーで新しいページを作成する

Enterキーを押すと、新しいページが作成されます。そのまま続けてテキス
トを入力すると、タイトルとして表示されます。

3 Tabキーで見出しの階層を決める

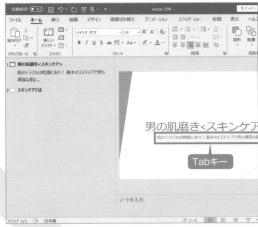

1つのスライドの中にもう少し細かな情報を割り振りたいときは、Tab
キーを押して見出しの階層を下げましょう。「Shift＋Tab」キーを押すと、
見出しの階層を上げることができます。

4 ほかのページも作っていく

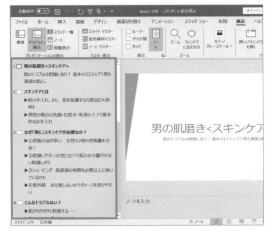

1～3の手順を繰り返して、各ページにテキストを割り振っていきましょう。
こうしてスライドのベースを作ったら、箇条書きを図やグラフに置き換え
たりして、内容を仕上げていきます。

スライドの順番を入れ替える
方法は、P.133のテク209
で紹介しています。

PowerPointを使いこなす

199

超重要

SmartArt

凝った図形を
手早くかんたんに作る

作業の流れや、組織の階層構造を説明するときには図が効果的です。しかし、あまりに簡素な図ではかえって説得力に書けてしまいます。こんなときはSmartArtを活用しましょう。あらかじめ用意されているパターンを選んだら、あとは指示に沿ってテキストを入力するだけで、凝った図を作ることができます。

1 「SmartArt」ボタンをクリックする

今回は「3つの要素が循環するように影響しあう」という図を作ってみます。図を挿入したいスライドを開き、❶「挿入」タブの❷「SmartArt」をクリックします。

2 図形を選択する

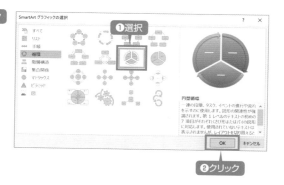

SmartArtグラフィックの選択画面が表示されるので、❶使いたい図形を選択し、❷「OK」をクリックします。今回は「循環」の「円形循環」を選びました。

3 テキストを入力する

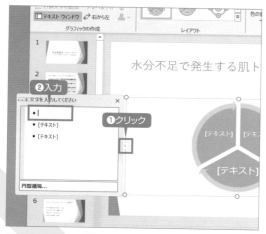

❶図形の左側にある ‹ をクリックし、❷図に入れたいテキストを入力します。この図は最初から3つの要素が用意されていますが、2つや4つに数を調整することもできます。

4 サイズを調整する

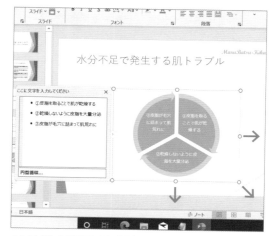

テキストの入力が完了したら、「○」をドラッグして図のサイズを調整しましょう。図は中のテキストが見やすくなるように、なるべく大きくするのがポイントです。

図の中にはテキストを書きすぎないことも大事。5秒で意味がつかめる程度のボリューム感にしましょう。

200

超重要

スライド
マスター

スライドマスターで
文字サイズを調節する

文字が小さいスライドは、聴衆にとって大きなストレス。初期設定より少し大きめがポイントです。しかし、1つ1つテキストボックスを選択して書式を変更していてはキリがありません。スライドマスターというスライドの設計図部分を変更すれば、全スライドの書式をまとめて変更することができます。

1 スライドマスターに表示を切り替える

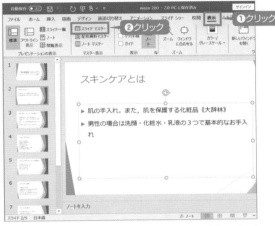

まずは画面の表示をスライドマスターに切り替えましょう。❶「表示」タブの❷「スライドマスター」をクリックすると、スライドマスターが表示されます。

2 スライドマスターで
文字サイズを大きくする

❶画面の左で変更したいスライドの種類をクリックします。次に、❷「マスターテキストの書式設定」を選択後、❸ A˄ をクリックして文字サイズを大きくしましょう。

3 スライドマスターで行間を広げる

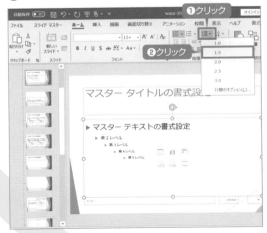

行間が詰まり気味なのも気になります。これもスライドマスターで広げておきましょう。「ホーム」タブで❶ ‡≡▾ →❷「1.5」をクリックすると設定できます。

4 元の編集画面に戻る

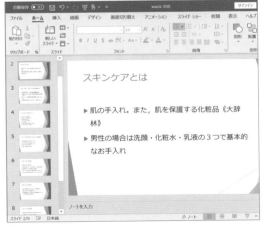

設定が終わったら、「スライドマスター」タブの「マスター表示を閉じる」をクリックしましょう。元の編集画面に戻り、スライドの文字と行間が調整されていることがわかります。

> スライドマスターの設定を変更しても反映されないときは、編集するスライドが間違っているのかもしれません。確認し直してみましょう。

PowerPointを使いこなす

201

超重要

画像の追加

スライドに画像を入れて
説得力を高める

「百聞は一見にしかず」とはよく言ったもので、商品の説明をするときはメリットを言葉を尽くして伝えるより、一枚の画像を見せたほうが効果的なことも多いでしょう。スライドに画像を追加するには、「挿入」タブの「画像」をクリックしましょう。大きな画像は適切なサイズに調整することも忘れずに。

1 「挿入」タブの「画像」をクリック

スライドに商品イメージを追加してみましょう。画像を追加したいスライドを表示し、❶「挿入」タブの❷「画像」→❸「画像」をクリックします。

2 追加する画像を選択する

❶スライドに追加したい画像を選択し、❷「挿入」をクリックします。スライドに画像を直接ドラッグすることでも、画像を追加することができます。

3 画像のサイズを調整する

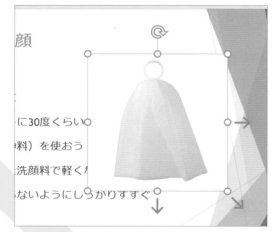

画像が挿入されました。少し小さく配置されてしまったので、大きくしましょう。画像の「○」をクリックして、サイズを調整します。

画像を選択した状態で、「書式」タブの「背景の削除」をクリックすると、画像の余計な背景をかんたんに削除できます。ピンクになっている部分が削除される背景部分です。

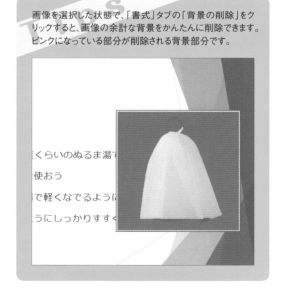

文字だけのスライドは退屈。画像や図を使って、視覚的に楽しいスライドに仕上げていきましょう。

PowerPoint

202 超重要

これだけはゼッタイ覚えておきたい必須中の必須テクニック！

数字の推移をグラフで表現する

グラフの作成

「売り上げが10年間で2倍になった」「商品の獲得シェアが一位になった」といったニュースは、言葉だけで表現しても、意外と聞き流されてしまいます。こんなときはグラフを使い、聴衆により強いインパクトを与えましょう。PowerPointでは、Excelと同じ感覚でかんたんにグラフを作成できます。

1 「挿入」タブの「グラフ」をクリック

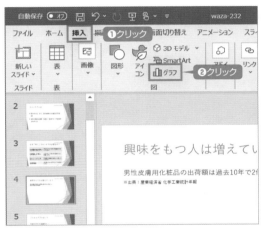

男性向け化粧品の市場規模が右肩上がりに大きくなっていることを、折れ線グラフで表現しようと思います。まずは、❶「挿入」タブの❷「グラフ」をクリックします。

2 グラフの種類を選択する

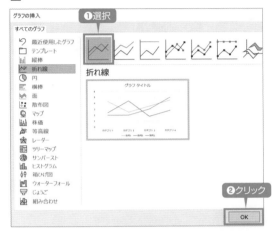

「グラフの挿入」ダイアログボックスが表示されます。❶作成したいグラフを選択し、❷「OK」をクリックしましょう。今回はもっとも基本的な折れ線グラフを選択しました。

3 グラフのデータを入力する

スライドの前面にExcelの画面が表示されるので、❶グラフとして作成したいデータを入力します。入力が完了したら、❷「×」をクリックして画面を閉じましょう。

4 グラフのサイズを調整する

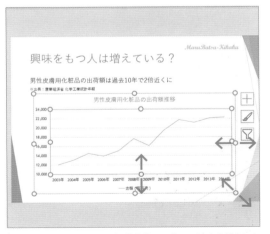

これでグラフが完成しました。初期状態ではグラフが大きすぎるので、「○」をドラッグしてグラフのサイズを調整しましょう。グラフをダブルクリックすると、編集を再開できます。

> Excelですでに作ったグラフがある場合は、そのグラフをコピペすることでもスライドにグラフを追加できます。

203

テーマの設定

スライドの
テーマを選択する

新しいプレゼンテーションを作るときは、まず新規作成画面でテーマを選びましょう。スライド
をイチから作りたいときは、「新しいプレゼンテーション」がおすすめです。真っ白なスライドが
作成されます。

>>

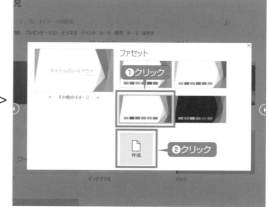

PowerPointを起動すると、最初にこの画面が表示されます。表示され
ない場合は「ファイル」→「新規」をクリックしましょう。この画面で、新し
いスライドのテーマをクリックします。

テーマの中には色のパターンがいくつか用意されているものもあります。
❶使いたい色を選択し、❷「作成」をクリックすると、選択したテーマで新
しいスライドが作成されます。

204

テンプレート

オンラインの
テンプレートを利用する

スライドのイメージが決まらない場合は、オンラインのテンプレートを参考にしてみるのもよい
でしょう。スライドの新規作成画面で検索ボックスにキーワードを入力すると、テンプレートを
探せます。

>>

リボンの「ファイル」タブ→「新規」をクリックし、新規作成画面を表示し
ましょう。画面上部の検索ボックスに検索したいキーワードを入力し、
Enterキーを押します。

キーワードに関連するスライドのテンプレートが表示されました。使いた
いテンプレートをクリックして、「作成」ボタンをクリックすると、新しいスラ
イドが作成されます。

205

超重要

画面の表示を
アウトラインに切り替える

画面表示の
切り替え

PowerPointでは、編集中のスライドが右側に、左側に作成したスライドの一覧が表示されます。この表示はリボンの「表示」タブで切り替えることができます。スライドの骨子を練るときは（テク198で紹介）、ここから「アウトライン表示」に切り替えて作業しましょう。

>>
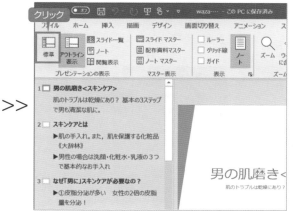

本章の冒頭で紹介したアウトライン表示を利用するには、❶「表示」タブの❷「アウトライン表示」をクリックします。

画面の左のスライド一覧がアウトライン表示に切り替わります。元のスライド一覧に戻したいときは、「表示」タブの「標準」をクリックしましょう。

206

スライドの順番を
入れ替える

アウトライン
モード

アウトラインモードでは、タイトル部分の□や▶アイコンをドラッグすることで、自由に順番を入れ替えることができます。ひととおりプレゼンテーションで紹介したいネタを入力し終えたら、きれいに話がつながるよう順番を入れ替えて、ストーリーを組み立てていきましょう。

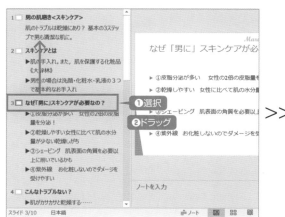
>>
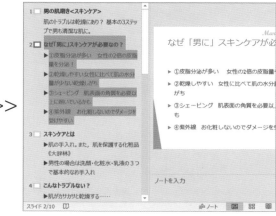

❶画面の表示をアウトラインモードに切り替えたら、タイトル部分の□アイコンにマウスポインターをあわせ、❷移動したいところまでドラッグします。

スライドの順番が入れ替わりました。▶アイコンをドラッグすると、箇条書きの順番を変えたり、別のスライドに移動したりすることもできます。

207

すべてのスライドに
会社のロゴを追加する

スライドマスター

スライドの上部や下部に会社のロゴ画像を入れたいという要望、よくありますよね。こんなとき1つ1つのスライドに画像を挿入するのは手間です。スライドマスターに画像を追加しておけば、一度の操作ですべてのスライドに反映できるので便利です。画像の代わりにテキストを入れることもできます。

1 スライドマスターに切り替える

「表示」タブの「スライドマスター」をクリックして、スライドマスターを表示し、❶「挿入」タブの❷「画像」→❸「画像」をクリックします。

2 ロゴ画像を選択する

「画像の挿入」ダイアログボックスが表示されます。❶スライドに追加したい画像を選択し、❷「挿入」をクリックしましょう。

3 画像のサイズと位置を調整する

スライドマスターに画像が追加されます。画像のサイズと位置を調整しましょう。ロゴ画像はたいていスライドの上部、もしくは下部に配置し、内容の邪魔にならないようにします。

4 元の画面で確認する

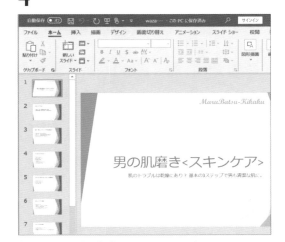

「スライドマスター」タブの「マスター表示を閉じる」をクリックして元の画面に戻ると、スライドの右上にロゴ画像が追加されていることがわかります。

ロゴ画像の位置を変えたいときは、もう一度スライドマスターに表示を切り替えて調整しましょう。

208

スライドの
追加

スライドを
追加する

スライドを作り始めてから、「やっぱり2つのスライドに分けたい」と思うことも、よくありますよね。このようなときは「挿入」タブの「新規スライド」をクリックし、新しいスライドを追加しましょう。また、Ctrl+Enterキーを押すことでも、新しいスライドを作成できます。

>>

❶「挿入」タブの❷「新しいスライド」をクリックし、❸追加したいスライドの種類（ここでは「セクション見出し」）をクリックします。

表示していたスライドの後ろに、新しいスライドが追加されました。スライドマスターで文字サイズを変更しておけば、新しいスライドにも設定が反映されます。

209

順番の
入れ替え

スライドの順番を
入れ替える

作成途中で話の展開を変えたくなったら、スライドの順番を調整しましょう。画面左のスライドの一覧から移動したいスライドを選択し、ドラッグするだけで順番を変えられます。また、複数のスライドを選択してからドラッグすれば、一度にまとめてスライドを移動することも可能です。

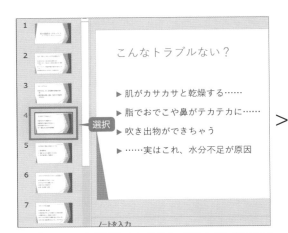

>>

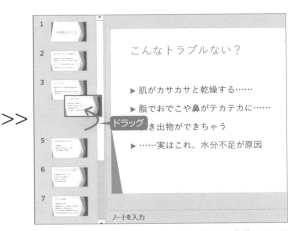

入れ替えたいスライドを選択します。Shiftキーを押しながら、別のスライドをクリックすると、1つ目と2つ目の間にあるスライドをまとめて選択できます。

選択したスライドを移動したいところまでドラッグします。複数のスライドを選択していると、そのスライドをまとめて移動することができます。

210

スライドを
削除する

スライドの
削除

本当に伝えたいことには関係ないと判断したら、思い切ってスライドごと削除してしまいましょう。スライドの削除は、画面左のスライド一覧から行います。本番のプレゼン時にスライドを表示しないようにするだけなら、非表示の設定がおすすめです（テク218参照）。

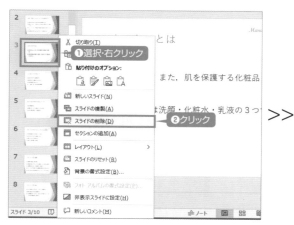
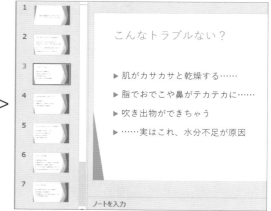

削除したいスライドを選択後、❶選択したスライドを右クリックし、❷「スライドの削除」をクリックします。

選択したスライドが削除されます。手順1で複数のスライドを選択していれば、まとめてスライドを削除することも可能です。

211

箇条書きの記号を
数値に変える

箇条書きの
設定

アウトラインモードで入力したテキストは、自動的に箇条書きとして設定されます。しかし、「おすすめの理由3つ」のように紹介する場合は、数字の箇条書きにしたいですよね。箇条書きの行頭記号を「1.」「2.」などの数字に変更するには、≡ をクリックしましょう。

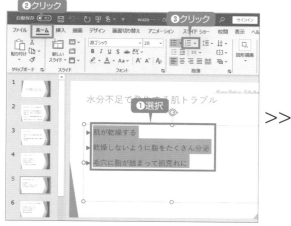
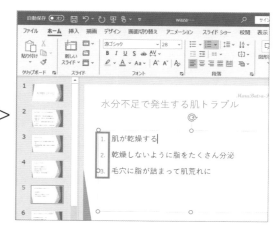

3つの要素を番号付きの箇条書きで表現してみましょう。❶行頭記号を変更したい箇条書き部分を選択し、❷「ホーム」タブの❸ ≡ をクリックします。

箇条書きの行頭が番号に変更されました。≡ ボタンの「▼」をクリックすると、丸数字やローマ数字など、その他の表示形式を選べます。

PowerPoint

212

箇条書きを解除して通常のテキストとして見せる

箇条書きの解除

図や写真、箇条書きの補足として見せたい文章は、箇条書きの行頭記号自体が不要です。こうした通常の文章として見せたいところは、箇条書きのアイコン ≡ をクリックして、箇条書きを解除してしまいましょう。≡ を再度クリックすれば、箇条書きの状態に戻ります。

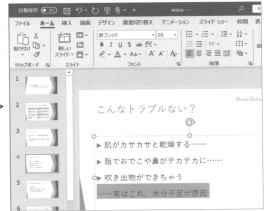

箇条書きの最後の段落を、上3つの箇条書きの補足として表現します。❶箇条書きを解除したいテキストを選択し、❷「ホーム」タブの❸ ≡ をクリックします。

箇条書きが解除され、行頭記号が消えました。文字サイズを少し小さくすると、より補足らしく表現できそうですね。箇条書きに戻したいときは、再度 ≡ をクリックします。

213

文字の大きさが自動で調整されないようにする

プレースホルダーの設定

長い文章を入力すると、文字のサイズが自動で縮小されます。しかし、ページによって文字サイズが変わるのは好ましくありません。多少プレースホルダー（テキストを入力する枠のこと）からはみ出してもよいなら、自動調整をオフで、文字のサイズを維持できます。

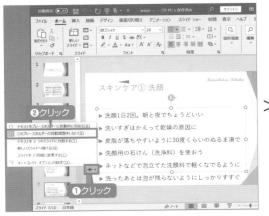

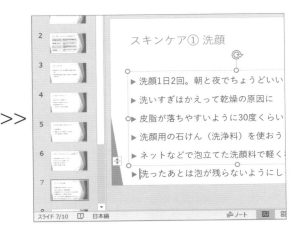

❶プレースホルダーの下部にある ⁂ をクリックし、❷「このプレースホルダーの自動調整をしない」をクリックします。

文字のサイズが元通りになりました。その代わりにプレースホルダーからはテキストが多少はみ出しています。大幅にはみ出すようなら、文字数を減らすか、スライドを分けましょう。

214

超重要

表の作成

表で情報を
整理する

数値を比較したり、複数の情報を整理したりして見せたいときは、文章でだらだら説明するよりも、表が効果的です。PowerPointでは、「挿入」タブの「表」をクリックすることで、スライドに表を追加できます。表の初期設定の文字サイズは小さいので、適切な大きさに調整しておきましょう。

1 表のサイズを選択する

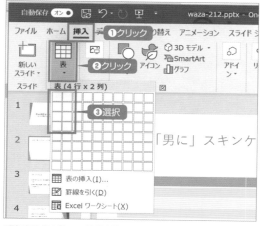

2列4行の表を作って、情報を整理して解説します。まずは❶「挿入」タブの❷「表」をクリックし、❸作りたい表のサイズを選択します。

2 テキストを入力する

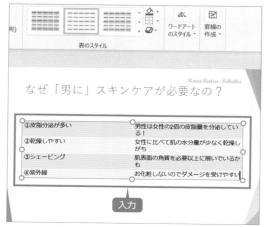

表が作成されるので、テキストを入力します。最初のセルの入力が終わったら、Tabキーを押しましょう。マウスでいちいちクリックしなくても、次のセルに移動できます。

3 表のサイズを調整する

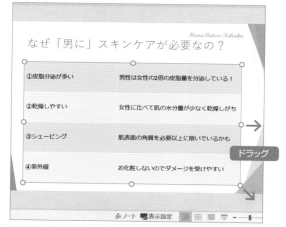

初期状態では表が小さく、見やすくありません。表の枠をドラッグし、行の高さと列の幅を調整しましょう。特に行の高さは余裕を持たせたほうが読みやすくなります。

4 文字のサイズを調整する

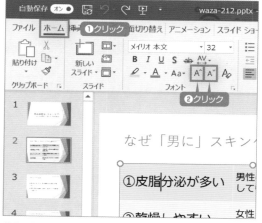

最後に文字を大きくして視認性を高めます。表を選択後、❶「ホーム」タブの❷ A^ A˅ をクリックし、文字のサイズを調整しましょう。

表や文字サイズを適切な
サイズに調整してみよう!

PowerPoint

215

グラフの
書式設定

グラフの見栄えを
整える

グラフの視認性が悪い、スライドのイメージと合わないと感じるなら、デザインを変えてみてはいかがでしょう。グラフ選択後、「グラフのデザイン」タブからデザインを設定できます。また、グラフ内の特定の要素を選択して、色を変えるといったことも可能です。

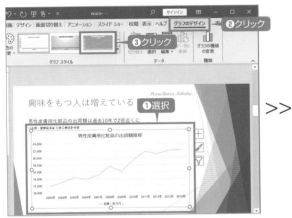

>>

❶グラフを選択し、❷「グラフのデザイン」のタブをクリック。「グラフスタイル」グループで、試したいグラフのデザインをクリックしてみましょう。

グラフのデザインが変更されました。見やすければ、このままでOKです。ほかのデザインを検討したい場合も、1クリックで変更できるので、気軽に試してみましょう。

216

アプリの
起動

Excelの表や
グラフを流用する

Excelで作った表やグラフをコピーして、PowerPointに貼り付けると、表やグラフをかんたんに流用できます。イチから表やグラフを作らなくても済むので、時短にもつながります。貼り付けるときは、PowerPointにデータごと埋め込んでしまう方法をおすすめします。

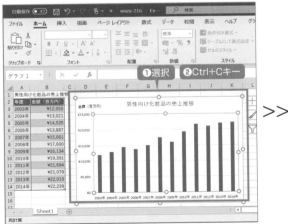

>>

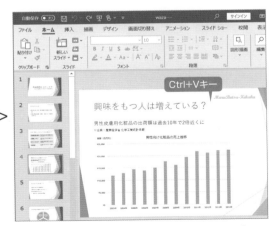

❶Excelでグラフや表を選択し、❷「Ctrl＋C」キーを押してコピーします。

PowerPointに切り替え、「Ctrl＋V」キーを押すと、スライドにグラフや表が貼り付けられます。

ノートに話す内容を
メモしておく

ノート

プレゼンテーションの内容を完全に頭に入れておくのは至難の業です。そこで「ノート」を活用しましょう。ノートは、発表者にしか見えないカンニングペーパーのようなもの。記した内容は出力先の画面には表示されないので、プレゼンテーション時でも安心して見ることができます。

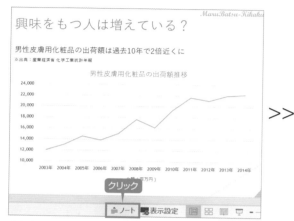

発表時に話すことをノートにメモしておきましょう。画面下部の「ノート」をクリックします。

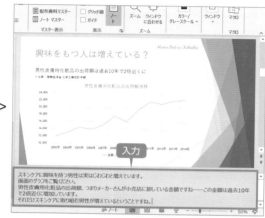

スライドの下部にノートが表示されます。ノートをクリックすると、テキストを入力できる状態となります。

使わないスライドを
非表示にしておく

スライドの
非表示

スライドを作ったものの、発表時間が急遽短くなった都合でカットせざるを得ない……こんなときはスライドを一時的に非表示にしましょう。標準ビューでは表示されますが、スライドショー実行時にだけ対象のスライドがスキップされるので、次回の発表時に再利用できます。

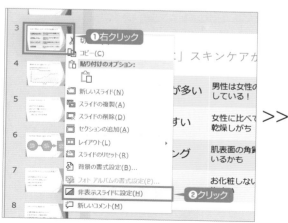

❶スキップしたいスライドを右クリックし、❷「非表示スライドに設定」をクリックします。

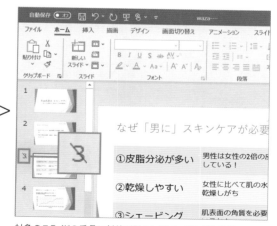

対象のスライドの番号に斜線が引かれました。これが非表示になった状態です。スライドショーを開始すると、このスライドはスキップして、次のスライドが表示されます。

219

超重要

スライドショー

プレゼンテーションを開始する

資料の準備が整ったら、リハーサルをしておきましょう。「スライドショー」タブの「最初から」をクリックすると、プレゼンテーションを開始します。パソコンにプロジェクターや外部ディスプレイを接続している場合は、パソコン側にはノート（テク217参照）や次のスライドなどの情報が表示されるので、手元の資料を参考に発表しましょう。

1 プレゼンテーションを開始する

発表の準備が整ったら、いよいよプレゼンテーションの開始です。❶「スライドショー」タブの❷「最初から」をクリックしましょう。

2 プレゼンテーション時のパソコン側の画面

パソコン側の画面はこのように表示されます。画面の左には現在表示しているスライド、画面の右には次のスライドとノートが表示されています。

3 プレゼンテーション時のプロジェクター側の画面

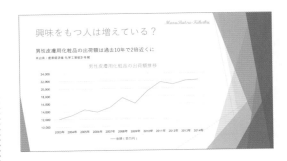

プロジェクター側の画面はこのように、スライドの画面だけが表示されます。

4 次のスライドを表示する

次のスライドに移動するときは、キーボードの「→」キーを押します。スライドの最後で「→」キーを押すと、スライドショーが終了します。

> スライドショーはF5キーでも開始できます。途中でスライドショーを中断したいときは、Escキーを押しましょう。

220

スライドショー

注目箇所を
レーザーポインターで指す

スライドのある箇所に注目してもらいたいときは、レーザーポインター機能を使うと便利です。PowerPoint上でレーザーポインター風のカーソルを表示するだけなので、実際にレーザーポインターを用意する必要がありません。ただし動かしすぎは目障りになるので注意しましょう。

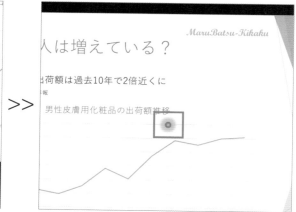

レーザーポインター機能はスライドショー再生時にのみ利用できます。スライドショーの画面で❶ ✎ →❷「レーザーポインター」をクリックします。

レーザーポインター風のアイコンが表示されます。マウスを動かせば、レーザーポインターが一緒に動きます。強調したい数字やポイントをこのアイコンで指しましょう。

221

印刷設定

スライド4ページ分を
1枚の用紙に印刷する

プレゼンテーション資料を紙で配布する場合、1枚に複数のスライドを印刷することがよくあります。PowerPointでは、印刷設定画面でかんたんにこの設定が行えます。文字のサイズにもよりますが、A4用紙1枚につき4スライドくらいがちょうど良いでしょう。

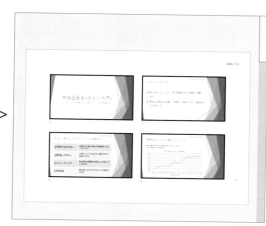

リボンの「ファイル」をクリックし、❶「印刷」をクリックして、❷「フルページサイズのスライド」→❸「4スライド（横）」をクリックします。

これで、1枚の用紙に4つのスライドが印刷されます。あわせて用紙の印刷方向を「横方向」に設定しておきましょう。あとは「印刷」ボタンをクリックするだけです。

222 図形を 手早く 複製する

図形の複製

箇条書きを2段組にしたり、同じデザインの図を1つのスライドの中に複数作ったりするときは、図形の複製機能が便利です。Ctrlキーを押しながら対象の図形をドラッグすると、その図形を複製することができます。

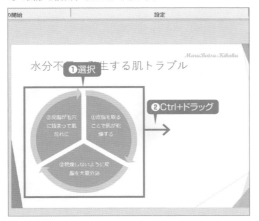

❶複製したい図形を選択し、❷Ctrlキーを押しながらドラッグします。マウスのボタンから指を離すと、選択していた図形が複製されます。

223 図形を 垂直・水平に 複製する

図形の複製

図形をドラッグするとき、Shiftキーを押すと水平・垂直に移動することができます。そして、CtrlキーとShiftキーを同時に押しながらドラッグすると、図形を水平・垂直に複製できます。

❶複製したい図形を選択し、❷ShiftキーとCtrlキーを押しながらドラッグします。マウスのボタンから指を離すと、選択していた図形が複製されます。

224 正方形や 正円を 正確に描く

図形の描画

図形の作成機能を使うとき、Shiftキーを押しながらドラッグすると、正方形や正円を作成できます。作成済みの図形はShiftキーを押しながらドラッグすると、元の比率を保ったまま拡大・縮小が可能です。

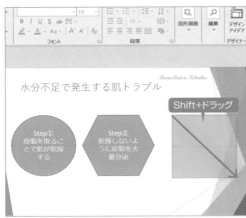

図形の作成ツールで四角形を選択し、Shiftキーを押しながらドラッグすると、正方形が作成できます。円を選択すると、同じ方法で正円が作成できます。

225 垂直な線や 水平な線を 書く

水平線・垂直線の描画

水平・垂直な線や矢印を書くときも、Shiftキーを押しながらドラッグします。一度作成した線や矢印も、Shiftキーを押しながらドラッグすることで、現在の角度を保ちながら長さを調節できます。

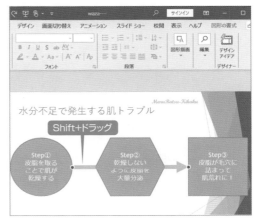

図形の作成ツールで直線もしくは矢印を選択し、Shiftキーを押しながらドラッグすると、水平性もしくは垂直線を作成できます。

226

図形の
重なりを
直す

図形を背面に
移動する

あとから作った矢印などの図形が、文字の上に重なって読み
づらいこと、ありませんか?図形には重なり順があり、同じ位
置に配置された図形はどちらかが前面に来ます。こんなとき
は、文字の上に重なった図形を背面に移動させましょう。

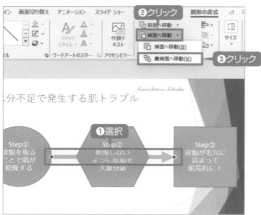

❶背面に移動したい図形を選択し、❷「図形の書式」タブの「配
置」→❸「背面へ移動」→❹「最背面へ移動」をクリックします。矢
印がいちばん後ろに移動し、ほかの図形にかぶらなくなります。

227

図形の
配置を
微調整する

図形の
位置調整

PowerPointでは、図形のサイズや位置を調整するとき、
ほかの図形の端や中央に沿うようにカーソルが移動します。
この機能を一時的にオフにするには、Altキーを押しながら
ドラッグします。少しだけ隣の図形から離したいときなどに
便利な機能です。

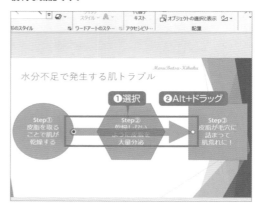

❶配置を調整したい図形を選択後、❷Altキーを押しながらドラッグし
ます。ガイドに吸着しなくなるので、より細やかな調整が可能になりま
す。

228

図形を
まとめて
選択する

図形の選択

複数の図形を選択しておくと、書式の設定や移動がまとめ
て行えます。選択はShiftキーを押しながら図形をクリック
するか、ドラッグ時に表示されるグレーのボックスで図形を
囲うと行えます。

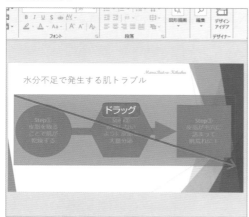

スライドの空白部分からドラッグを開始し、グレーのボックスで図形を
囲うと、ボックス内の図形がまとめて選択されます。図形の一部を覆
うだけだと選択できないので注意しましょう。

229

図形を
まとめて
扱う

図形の
グループ化

グループ化を行うと、複数の図形を1つの図形として扱える
ようになります。移動や書式の設定も、グループ化した図形
全体に反映されます。複数の図形を組み合わせた複雑な図
を扱うときに便利です。

❶グループ化したい図形を選択し、「図形の書式」タブで❷🔲▾→❸
「グループ化」をクリックします。これで、選択していた図形を1つの図
形として扱えるようになります。

230 スライドショーで次のページを表示する

スライド
ショー

スライドショー表示中はカーソルキーで前後のページを表示できますが、キーが近いので押し間違えが怖いですよね。次のページはEnterキーもしくはスペースキーでも表示できます。押し間違えのしにくいこちらがおすすめです。

スライドショー表示中にスペースキーを押すと、次のページを表示できます。Enterキーでも次のスライドを表示することができます。

231 スライドショーで前のページに戻る

スライド
ショー

前のページに戻るときも、万が一の操作ミスを防ぐためにカーソルキーの利用は控えましょう。おすすめは、Enterキーやスペースキーと遠い位置にあるBackspaceキーです。このキーでも前のページに戻ることができます。

スライドショー表示中にBackspaceキーを押すと、前のスライドを表示します。

232 指定したページにジャンプする

ページ移動

質疑応答で「ではもう一度9枚目のスライドを見てみましょう」なんてときに、9→Enterキーの順番でキーを押すと、一発で9ページ目を表示できます。使いこなすととてもかっこいいテクニックです。

表示したいスライドのページ番号を入力後、Enterキーを押すと、そのページ番号のスライドを表示できます。どのスライドがどの番号かは、あらかじめ頭に入れておきましょう。

233 現在のスライドをプレビューする

プレビュー

スライド作成中に、プレゼンテーション時にどのように見えるか確かめたいときは、「スライドショー」タブの「現在のスライドから」をクリックすると、現在のページからスライドショーを表示できます。

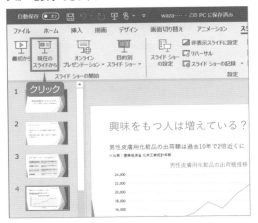

「スライドショー」タブの「現在のスライドから」をクリックします。この機能はShift＋F5キーでも利用できます。アニメーションをテストしたいときなどに便利な機能です。

2020年最新改訂版!

ワード
エクセル
パワーポイント
基本の使い方が
ぜんぶわかる本

企画・制作
スタンダーズ株式会社

表紙・本文デザイン
高橋コウイチ(wf)

本文DTP
松澤由佳

ライティング
合同会社浦辺制作所

印刷所
株式会社シナノ

発売所
スタンダーズ株式会社
〒160-0008 東京都新宿区
四谷三栄町12-4 竹田ビル3F
営業部 ☎03-6380-6132

編集人
内山利栄

発行人
佐藤孔建

©standards 2020

Printed In Japan